変わる日本語その感性

町田健
Machida Ken

青灯社

変わる日本語その感性

装幀　菊地信義

はしがき

「お飲み物はよろしかったでしょうか」「千円からお預かりします」「始めさせていただきます」。いつの時代にも、気になる日本語はあります。日本語は絶えず変化しているのですから、少し前には使われていなかった言い方がいつの間にか出てきて、それが広く使われるようになるのは、当然と言えば当然のことです。

けれども、私たち日本語の使い手は、「美しく正しい日本語」というものがあるはずだと思っていることも確かです。それがどんなもので、どこを調べたら見つかるのか、誰にも分からないのですが、皆が何となく思っているのは、現代の若者たちが好んで、あるいは無意識のうちに使っているものではないだろうということです。美しい日本語、正しい日本語は、どうも少し前の日本語にあるようです。つまり、今社会の中核を担っている中高年世代の人間が若者だった頃の日本語だということです。

要するに、自分が習い覚えて、最も自在に使える種類の日本語が正しいのだし、それを適切に使った表現が美しいのだと、誰もが信じているのではないかと思います。ただ、その何十年か前の日本語にしても、それよりも前の日本語とは違うのですから、やはり当時には、こんなのは「乱れた」日本語だと言われていたはずです。「見れる」「食べれる」のような「ら抜きことば」、「全然面白い」のような、否定を伴わない「全然」の使用などがその例でしょう。

しかも、ら抜きことばや「全然面白い」のような言い方は、現代でもまだ正式の日本語だと認められてはいないものの、実際には若者だろうが中高年だろうが、非常に広い範囲の多数の人々によって使われるようになっています。近い将来、これらの言い方が正しい日本語として受け入れられるようになったとしても、それほど不思議ではないのではないかと思います。だとすると、最初にあげた気になる言い方の中からも、何十年か後には、正式な日本語の表現として認められるものが出てこないとも限りません。

そもそも、これらの言い方は、多分もう何千万人もの人々に使われているわけです。もし、誰が考えてもおかしな言い方だったとしたら、こんなにたくさんの人々の間に広まるということはなかったでしょう。以前、「チョベリグ」という流行語がありました。「超ベリーグッド」を短縮した語形ということでしたが、あっという間に使われなくなってしまいました。「超」と「ベリー」という同じような意味を表す言葉を繰り返すのは変ですし、何より、初めてこれを聞いた人には、どういう意味なのか全く分かりません。「ＫＹ」語にしても同じで、これだけで「空気が読めない」の意味だとすぐに分かる人はいないでしょうし、頭文字を並べてまとまった内容を表す表現は、日本語としては普通ではありません。このＫＹ語も、恐らく短命に終わることでしょう。

一方、「お飲み物はよろしかったでしょうか」のような言い方は、少しは気になるものの、意味が分からないということはありません。「よろしかった」という過去を表す言い方が、レストランで注文を聞くという場面にふさわしいとは言えないだけです。「始めさせていただきます」にしても、意味がすぐに分かるのは同じで、自分の意志で始めるはずなのに、相手に許可をもらうような言い方になっているのがおかしいということです。そして「千円からお預かりします」は、店員が客から千円を受け取って、そこからお釣りを渡すのだという複雑な内容を表すのだということは伝わりますが、それをあまりに短くしすぎています。

つまり、こういう言い方は、日本語の表現としてそれほど大きな間違いを犯しているというわけではないけれども、使われる場面が適切でなかったり、不適切な省略が行われたりしていることが原因で、どうも気になるということなのではないかと思います。しかし実際、気になるけれども幅広く使われているのですから、そこには何らかの理由があるはずなのです。

本書では、このような種類の気になる言い方を取り上げて、そのどこが問題なのかを説明し、それでもあえて使われるようになったのはどうしてなのかを、日本語の性質や、日本語を使う人々の「感性」を手がかりにしながら考えていきます。本書をお読みになることで、日本語が変わるとはどういうことなのか、そしてどうして変わっていくのかという、日本語の言葉としての本質に関わる真実のいくらかでもつかんでいただければ、著者として幸甚に存じます。

目次

本文扉イラスト：小林亜希子

Ⅰ　この若者言葉は〈問題な〉のか

お飲み物はよろしかったでしょうか

「よろしかった」という過去形の問題点

レストランやファーストフード店で、食事を注文した後に店員が客に向けて発する言葉として最近では普通になったのが、「お飲み物はよろしかったでしょうか」です。飲み物はまだ注文していないのですから、「よろしかった」という過去形ではなく、「よろしい」という過去形ではない形にするべきだというのが、まずこの表現に対してつけたくなる文句です。

確かにこの表現には、過去ではないのに過去形が使われているという、目立つ問題点があります。それについては後で説明するとして、ここでまず気になるのは、「よろしかった」の後に「でしょう」が続いているということです。「大きいです」「悲しいです」のような「形容詞＋です」という言い方が、正用法ではないということは、よく知られています。実際、「です」を非丁寧形の「だ」に置き換えて「大きいだ」「悲しいだ」のように言うことはできません。だとすると、「です」を推量形の「でしょう」に置き換えた「大きいでしょう」のような言い方も正しくないことになりそうです。

ところが、「でしょう」は「だろう」の丁寧形として使われていて、「行くだろう」を丁寧に言うと「行くでしょう」になります。「大きいだろう」という言い方は別に問題ないので、この「だろう」を「でしょう」に置き換えた「大きいでしょう」についても、特に間違いだとは言えないことになります。「だろう」は、現代の日本語では一つの助動詞として働いていますから、こちらの考え方をとった方がいいように思えます。

というわけで、「よろしい」や「よろしかった」に「でしょう」を付けた言い方は、いくらか気になるけれども、文法的には問題がないのだと考えておきましょう。そうするとやっぱり気になるのは、「よろしかった」という過去形の方です。飲み物を注文するのがいいのかどうかを尋ねている場面では、「飲み物がいい」という出来事はまだ終わっていないのですから、それに過去形を当てるのはよろしくありません。

丁寧さが増す過去形

しかし、ここで考えなければならないのは、日本語の「た」は過去を表すばかりではないということです。「**もっと勉強したほうがいい**」という忠告の表現では、勉強するのはこれからなのですから、未来の出来事を「た」を使って表しているということになります。「もし私が鳥だったら空を飛べるのに」という仮定を表す表現についても、「私が鳥だった」という過去形が表しているのは、過去の事実ではなくて、まだ起こっていないし、これからも起こることはない非現実の事柄です。

未来の出来事と仮定された出来事の共通点は、どちらも現実に起こった事柄ではないということです。「た」にこのような働きがあるのだとすると、お客の意向を尋ねるために店員が使う言い方として「お飲み物はよろしかったでしょうか」が使われるようになった理由は理解できます。まず、店員は客に対して丁寧な言い方をすることが望ましいのは当然です。そこで、客に対して「～はよろしいでしょうか」という現在形を使って尋ねるとすると、現在形は何と言っても現実の事柄を表すのですから、何となく「飲み物がよろしい」ということ、つまり飲み物を注文するのが当然のような、押しつけがましい意味合いが出てきてしまいます。テレビを見ている子供に、親が「勉強はいいのか」と言ったら、それが「勉強をしろ」という命令の意味になるのと同じです。

これに対して「よろしかったでしょうか」という過去形にすると、これが過去の出来事を意味するのではないことはすぐに分かるのですから、次には、これが現実ではないという意味を表すことになります。実際のところ、飲み物を注文するかどうかは、まだ現実のものとして起こっているわけではないのですから、「よろしかった」を使うことで、場面にふさわしい意味を表すことができるようになるのです。ですから、「よろしかったでしょうか」という言い方の方が、客の意向を尋ねる表現としては、「よろしいでしょうか」よりも押しつけがましい意味合いが出ない分、丁寧さが増すのだと考えることができます。

多分こういう理由で、若い店員の間で「よろしかったでしょうか」という言い方が無意識のうちに使われ始め、客の意向の尋ね方としては丁寧な感じがするということもあって、多くの店で受け入れられるようになったのではないかと思います。

千円からお預かりします

「から」と「預かる」の二重の間違い

コンビニなどのレジで、店員が代金として千円を受け取り、お釣りを渡すことが必要な場合に、この「千円からお預かりします」という表現が使われることが多くなりました。もちろん、この言い方が文法的に正しくないだろうことはだれにでも分かります。「預かる」という動詞は、「荷物を預かる」「留守を預かる」のように、「〜を預かる」という形で使うのが原則で、「〜から預かる」という言い方をすることは、普通はありません。

ですから、「千円から預かる」という言い方が、日本語の文法として間違っていることは確かです。ただ、この「預かる」という動詞は、金額について言う場合には、「千円預かる」のように、「を」を付けない言い方も普通に使われます。だとすると、「ある金額を預かる」という意味の場合に、普通の物を預かる時とは違う言い方が使われることもあるというのは、日本語を使う人間の頭の中には、知識としていくらかは入っている可能性があります。

それによく考えてみると、レジでお金を受け取って、商品の代金を差し引いた金額だけ客に渡すという行為を「預かる」という単語で表すのは、実は正確ではありません。ある物を預かるということは、その物を一時的に保管しておいて、後で同じ物を相手に返却することを意味します。荷物を預かった人は、同じ荷物を返すのですし、顧客のお金を預かった銀行は、特に理由がなければ、同じ金額か、利子をつけたもっと多い金額を、その顧客に返すものです。

レジでのお金のやりとりは、通常の「預かる」という行為とは、ですから明らかに違います。ということは、この場合に「預かる」という動詞を使うのは適切ではなくて、「千円お受け取りします」のような言い方をした方が、実は正しいはずなのです。「受け取る」を使えば、後で同じ金額を返却するという意味はありませんから、お釣りだけ返したとしても、意味的に何の問題もありません。

というわけで、「千円からお預かりします」という言い方は、「から」という助詞の使い方も間違っていますし、「預かる」という動詞の選択についても間違っているということで、二重の間違いを犯しているのだと考えなければなりません。

できるだけ短く表す工夫

とは言え、「受け取る」という動詞を使ったとしても、それだけで「お釣りを渡す」という意味を正確に表すわけでもありません。レジで店員が、商品の代金以上の金額を受け取るという場面だからこそ、後でお釣りを渡すという意味が出てくるのです。だとすると、渡されたのより少ない金額だったとしても、とにかく「返却する」という意味がもともと含まれている「預かる」を使いたくなる気持ちも分かります。多分そういう理由で、店員が「預かる」という動詞を使うのが広がっていったのではないかと思います。

もし「預かる」を使って、「千円預かる」と言うとすると、先ほども述べたように、千円預かったのなら、同じ千円を返さなければならないという問題がでてきます。もちろん、「千円をお預かりして、お釣りをお返しします」と言えば、実際の行為を正確に表すことができますが、レジでの言い回しとしては長すぎます。店員が行うのは、千円を受け取って、そこ「から」商品の代金を差し引いた金額を客に渡すということです。この「千円から代金を差し引く」という行為を最も短く表す工夫が、「千円から預かる」という言い方を誕生させたのではないかと思います。

日本語には他に、「**屋上から見回る**」や「おかずから食べる」のような例もあります。実際に行うのは、建物を見回ったり、ご飯を食べたりすることです。ただ、見回りを屋上「から」始めたり、食べるものがおかず「から」だったりすることから、「屋上から始めて建物を見回る」や「おかずから始めてご飯を食べる」という言い方が短くなって、このような、一見すると文法的でないような表現が作られたもののようです。

こういった言い方はすでに長い間使われ続けていたのですから、「千円から預かる」という言い方が生まれる土壌は、日本語の中にすでにあったのだと考えることができそうです。

この味好きかもしれない

「かもしれない」の不自然さ

食べ物や飲み物の味が好きなのか、それとも嫌いなのかは、主観的な判断です。主観的ということは、要するに自分で勝手に決められるということなのですから、特に問題がなければ、「この味は好きだ」か「この味は嫌いだ」のように、単純に好き嫌いを断定すればいいのです。これを言われた相手は、この判断をそのまま受け入れるしかありません。

このような主観的な判断を表す単語としては、「悲しい」「うれしい」「暑い」「寒い」などがあります。主観的な判断をもたらす原因は、自分の中にあるのですから、これほど直接的なものはありません。直接的なものであれば、それは確実に分かるのが当然であって、「かもしれない」のような、確実性が低いという判断を表すための表現と一緒に使うのは、本来はかなり不自然です。

実際、夏の太陽がぎらぎらと照りつけている戸外で、「暑いかもしれない」などと言ったとしたら、暑さを感じる感覚が麻痺しているのではないかと思われてしまいます。「暑いかもしれない」という表現は、例えば、初夏のある時に、「明日は朝から晴れだそうだから、日中は暑いかもしれない」のように使うのならば、特に問題はありません。

翌日の日中が暑いかどうかは、その時になってみないと分かりません。ですから、今日の時点で、「明日は暑い」という事柄が実際に起きる可能性が低いという推測をすることは、十分にありうることです。だからこそ、「明日は暑いかもしれない」という言い方ならば、全く自然に聞こえるわけです。

ある事柄に対して自分が直接的に下している判断は、周囲の状況などをもとにして、どれくらいの可能性があるのかを推測した結果ではないのですから、「この味好きかもしれない」とか「この料理おいしいかもしれない」などと言うのは、やはりおかしいのです。

自分の判断力をおとしめて相手を高める

それではどうして、「好きかもしれない」のような言い方をする人が増えてきているのでしょうか。本当は可能性についての判断をすることができないような事柄に対して、わざと可能性が低いのだという判断をしたとします。「好きかもしれない」だと、確実な事柄だと分かっているのに、あえて不確実な事柄なのだと相手に向かって主張しているわけです。

自分に直接分かるはずの判断が不確実だと言うのですから、それは自分が事柄を判断する力が、あまり優れてはいないのだと言っていることになります。自分の判断力をおとしめるということは、要するに謙遜しているのと同じことです。自分や自分に関わるものが、あまり価値がないのだとすることが、謙遜なのですが、なぜ謙遜するかというと、それは自分を低めることによって相手の地位を高め、その結果として相手に対する敬意を表したいからです。

相手への贈り物を「**つまらないものですが**」と言って渡したとしても、贈り物が本当につまらないものだということではないのは、誰でも知っています。相手への敬意を表したいからこそ、わざと贈り物に価値がないなどというウソを言うのです。

「好きかもしれない」には、敬語は一つも使われていません。それでも、自分の判断力を低く評価するという内容を相手に伝えることによって、相手を相対的に高める働きをし、この結果相手への敬意を表す効果をもつのです。現代の若者に観察されるという、仲間への過剰な気遣い。これが「この味好きかもしれない」という、一見すると「かもしれない」の本来の働きとは矛盾するような表現を生み出しているのではないかと思います。

温めますか

客に対する敬意が弱い感じ

コンビニで弁当を買うと、今ではまず例外なくこう言われます。買った弁当を、店員が温めるかどうかを尋ねているだけですから、これでよさそうな気もします。ただ、店員と客であれば、当然客の方が上位に置かれるわけですから、直接的に敬意を表すような表現を使ってほしいところです。

ところが、「温めますか」だと、丁寧語の「ます」が使われているだけです。もちろん、丁寧語でも立派な敬語なのですから、一応は敬意を表しています。けれども「ます」を使った丁寧語というのは、どんな動詞にでも同じように付けられるのが原則であり、敬意を表すと言っても、直接的に相手を高めるというわけではありません。文全体が普通よりは丁寧になるだけで、相手への敬意は間接的に伝わるだけです。

多分こういう理由で、「温めますか」だけだと、客に対する敬意が何となく弱いように感じられるのではないかと思います。もし直接的に客への敬意を表したければ、やはり尊敬語か謙譲語を使うべきところです。この場合、実際に弁当を温めるのは店員の方ですから、使えるのは謙譲語です。

「温める」という動詞については、「もらう」に対する「いただく」、「行く」に対する「参る」のような特別の謙譲語形はありません。謙譲語を作ろうとすれば、前に「お」後に「する」をつけて、「**お温めする**」という形にするのが普通です。実際、「お作りする」「お見かけする」のような形はよく使われます。漢語の動詞であれば、「お」の代わりに「ご」を使って、「**ご案内する**」「ご用意する」のような謙譲語形が作られて、確かによく使われます。

「お温めする」も、謙譲語を作る原則に従って作られているのですから、文法的には問題ないはずです。ただ、先にあげた謙譲語形とは違って、それほどよく使われているようには思われません。昔であれば、目上の人に出す料理は、必要ならば最初から温かくしていたわけで、後でもう一回温めるようなことをしなかったというのもその理由の一つなのでしょう。

それから、「お（ご）～する」という謙譲語形を、若者たちが日常生活できちんと使うということも、以前に比べると格段に少なくなっています。こういった理由で、「お温めしますか」という、原則に従った謙譲語形ではなく、「温めますか」という単なる丁寧語形を、店員が使うようになったということなのだろうと思われます。

「温める」の謙譲語形が見つからない

「お温めしますか」がちょっと言いにくくて、「温めますか」では敬意が足りないのだとすると、それではどう言えばいいのだろうかと考えてしまいます。先ほど述べたように、木下藤吉郎が織田信長の草履を懐で温めるような場合を除いては、何かを「温める」という行為を目上の人のためにすることはそれほど普通ではないので、実は、これが正解と言えるような謙譲語形は、うまく思いつきません。

漢語動詞の「加熱する」を使って、原則通り「ご加熱しますか」としたら、もっと変になるので、「加熱いたしますか」とする方法も考えられます。同じように、「いたす」を使って、「（このお弁当）温かくいたしますか」と言えば、少なくとも原則通りの謙譲語形にはなります。ただ、これが誰にでも受け入れられるかどうかは、実際のところ疑わしいかもしれません。

「温める」の謙譲語形として、誰もが認めるものがなかなか見つからないのだとすると、結局のところは「温めますか」でも仕方がないということになってしまいそうです。多分これからも、コンビニでは「温めますか」が使われ続けることになるのでしょう。

仕事がさくさく進む

オノマトペ

「イヌがワンワン鳴く」の「ワンワン」、「雨がザーザー降る」の「ザーザー」のように、自然界の音を真似て作られた単語を「擬音語」、「ボールがコロコロ転がる」の「コロコロ」、「急にそわそわし出す」の「そわそわ」のように、実際に音が出るわけではないけれども、物事の様子を、まるで音が出ているかのように表現する単語を「擬態語」と呼びます。擬音語と擬態語を合わせた用語として、「オノマトペ」が用いられます。

オノマトペの数や種類が多く、しかも頻繁に使用されるのは、日本語の目立つ特徴の一つです。確かに、英語には「ザーザー」「コロコロ」「そわそわ」に当たるオノマトペはありません。ただ、オノマトペを多用する言語は日本語だけではなくて、朝鮮・韓国語もそうですし、中国語やインドネシア語など、日本語ほどではなくても、オノマトペを使うのが珍しくない言語はそれなりにあります。

自然界の音は、人間が使う言語の音とは、同じ音であっても性質が違います。ですから、同じ動物の鳴き声でも、言語によってそれぞれ異なるのは、よく知られています。擬態語であれば、もともと音など出ないのですから、言語ごとに違うのは当然です。

だとすると、同じ物でも言語によって呼び方が違うのと同じで、オノマトペについても、自然界の音や、物事の様子を、それぞれの言語で勝手に作って表現しているのだと言うことができます。つまり、こういう音や様子だから、こういうオノマトペになるのが当然だということは決してないのだということです。

そうなると、日本語でオノマトペを使って自然の音や物事の様子を表そうとするならば、この音や様子にはこれを使うのだよと、日本語が決めた特定のオノマトペを使わなければならないことになります。例えば、イヌの鳴き声が、自分には「ブンブン」に聞こえるからと言って、「あそこでブンブン鳴いているよ」と誰かに言ったとしたら、イヌが鳴いているのではなくて、何かの虫が羽音を立てていると思われるのが普通です。

「さくさく」の軽快なイメージ

「仕事が順調に進む」という事柄の、「順調に」の部分をオノマトペを使って表したければ、一番普通なのは「**どんどん**」という擬態語です。ところが最近では、「どんどん」の代わりに「さくさく」を使う人が目立つようになってきました。

「さくさく」は、「雪の上をさくさく歩く」のように使われる時には、雪や砂などが崩れる音を表す擬音語です。また、「キャベツをさくさく切る」のように、野菜や果物を軽快に切る様子を表す擬態語としても使われます。

仕事の進み方について「さくさく」を使うのは、もちろん野菜や果物を切る時の順調な様子からの類推によるものです。「どんどん」であれば、仕事だろうが勉強だろうが、大体の作業について、それが順調に進む様子を表すことができます。一方で、「さくさく」は、野菜などの切断についてしか用いられないのが、日本語の一応の原則です。ですから、「仕事がさくさく」と言うのは、その原則には違反していることになります。

とは言え、「さくさく」が、野菜や果物という限定があるにしても、順調に進む様子を表していることは確かです。しかも、「どんどん」には「ど」という濁音があって、「ころころ」に対する「ごろごろ」のように、何となく鈍重な感じがしないでもありません。一方で「さくさく」の「さ」は、「さらさら」や「さやさや」などのオノマトペがあることからも感じられるように、軽快なイメージを与える音だと言えます。だとすると、「どんどん」よりも「さくさく」の方が、物事が順調に進む様子を表すオノマトペとしてはいいようにも思えてきます。

多分こういった理由で、すでに日本語のオノマトペとして定着していた「さくさく」の用法についての制限が取り払われて、いろんな種類の作業が順調に進む様子を、このオノマトペが一般的に表すことができるようになったのではないかと思います。仕事や勉強が「さくさく進む」という言い方は、今後ますます使われるようになるのではないでしょうか。

この問題はむずい

若者は語形を短縮する

「むずい」は「むずかしい」を短縮して作られた新しい形容詞です。「むずかしい」でも特別に長い単語だというわけではありませんが、若者は、できるだけ短い語形を好む傾向があるようなので、これをさらに短くして「むずい」という語形にしたということなのでしょう。

この「むずい」という形容詞は、私が学生の頃にはもう使われていましたから、最近の若者言葉だというわけでもありません。ただ、「むずい」が依然として若者の間でしか使われず、誰もが認める正式の日本語への仲間入りを果たしていないところを見ると、若者の間にどんなに幅広く定着したとしても、それが日本語全体にまで広がるのには、相当の時間がかかるのだということがよく分かります。

確かに、「見れる」「食べれる」のような「ら抜き言葉」も、実際には戦前から使われ続けていて、日常的な会話では、ら抜き言葉を使う人の方が、そうでない人よりも多いくらいなのに、この言い方が書き言葉にまで普及しているという事実は、現在でもまだほとんど観察されません。

ただ、「いかす」や「ナウい」のように、若者言葉の大半は一過性のもので、十年か二十年経てば、もう使われなくなるというのが普通です。それに比べると、「むずい」は、少なくとも三十年以上は生き残っているのですから、これからも使われ続けるのではないかと予測できます。

最近でも、「きもちわるい」から「**きもい**」が、「うざったい」から「**うざい**」が作られていますし、「KY」語と呼ばれる、単語の頭文字だけを並べた表現が、最近の若者言葉では、頻繁に聞かれるようにもなっています。こういう例を見ると、語形を短縮するというのが、若者言葉の強力な特徴の一つなのだと言えそうです。

「木村拓哉」を「**キムタク**」、「佐藤江梨子」を「サトエリ」と呼ぶ例のように、タレントの名前も、若者は省略して呼び習わします。「吉永小百合」を「ヨシサヨ」と呼んだり、「石原裕次郎」を「イシユウ」という愛称で呼ぶことなど、年輩の人間にとってはとても考えられないことです。

ただ以前は、「新宿」を「ジュク」、「池袋」を「ブクロ」と呼ぶのがかっこよかったことを考えると、いつの時代にも、若者が語形を短縮する傾向にあることは事実です。それにしても、最近の若者言葉では、その傾向がさらに強まっているようにも思えます。

短縮語形の長命・短命のちがい

「むずい」は、若者言葉のこういった傾向に合っていますし、この語形を初めて聞いても、何となく意味の予測はできますから、恐らくは、今後早い時期に使われなくなるなどということはないだろうと思います。

同じように語形を短縮して作られた語形でも、その意味が、もとの単語が表していた意味から相当程度ずれてしまうと、意外に寿命は短くなることもあるようです。以前、「まぶしい」を短縮して作られた「まぶい」という若者言葉がありました。「まぶい」は、「まぶいスケ」のような言い方で用いられ、大体のところ「魅力的な」という意味を表していました。ところが、もとの「まぶしい」を使って、「まぶしい女」と言ったとしても、それだけで「魅力的な女」という意味にはなりません。

語形が短縮されて意味が変わると、単語の独立性は高まるのですが、いかにも若者の間でしか使われない表現だというイメージが強まって、一般的に普及するのが難しくなるのではないかと思います。「気持ち悪い」を短縮して作られた「きもい」も、もとの表現からは意味が変化していますから、もしかしたら長生きできないかもしれません。

「むずい」だと、もとの「むずかしい」との意味の違いはあまり感じられませんから、そういう点では、正式に認められるまでには長い時間がかかりそうだとしても、若者の間ではこれからもそれなりに使われ続けるのではないでしょうか。

コーヒーの方お持ちしました

「の方」という余計な表現

コーヒーが注文され、そのコーヒーだけを持ってきたことがはっきりしているのであれば、「コーヒーをお持ちしました」と言うだけで十分です。もちろん、こう言ってコーヒーを持ってくる店員もたくさんいます。

ただ最近では、「コーヒーの方」のように、わざわざ「の方」という余計な表現を付け加える言い方をする店員が、圧倒的に多くなっているようです。これは一体どうしてなのでしょうか。

「の方」は、本来は「方角」を意味する表現です。ですから、「私は南の方から来ました」「このバスは駅の方に行きます」のような言い方をするのならば、問題ありません。ただ、「方角」は、もともと特定の場所を指すのではなくて、かなり広い範囲の場所を表す言葉です。東京から見て「南の方」と言われても、そこが四国なのか、九州なのか、それとも沖縄なのか、これだけでは全く特定できません。

広い範囲の場所を指すということは、要するに曖昧な場所しか指さないということです。だからこそ、実際には消防署員でもないのに、「**消防署の方から来ました**」と言って、高い消火器を売りつけるような、不届きな人間も出てきたりするわけです。

曖昧な場所を指すことから、さらに進んで、曖昧な事物を指すようになることは、自然の流れです。ここから、「私は建築の方をやっています」や「彼女の専門は経営の方だ」のような言い方が出てきたのだろうと考えることができます。

「建築の方」と言われても、建物を設計する仕事なのか、実際に建てる仕事なのか、それ以外の仕事なのか、これだけでは分かりません。「経営の方」についても、企業の組織なのか、管理なのか、それとも企業経営の歴史なのか、やはり経営のどの分野なのかを特定することはできません。

わざわざ特定の場所や事物を表す単語を言ったとしても、これを聞いた人が知らない場合もありますし、話し手の方でも、あまり細かく特定したくない場合もあります。ですから、「の方」を用いることで、大体のところを察してもらおうとするのは、特に不思議なことではないだろうと思います。

指し示す物を曖昧にしたくなることがあるという人間の気持ちは分かります。それにしても、コーヒーしか持ってきていないことが明かなのに、それをわざと曖昧にして「コーヒーの方」と言う必要はなさそうな気がします。

曖昧な言い方で敬意を払う

どうして、わざわざ曖昧な言い方を選んでするのでしょうか。「の方」を使って、対象を曖昧に表現する言い方そのものが、最近になって使われ始めたわけではないことを考えると、日本人がもともと、曖昧な指し示し方をしたくなる心性を備えた民族なのだという説明もありうるかもしれません。

実際、ある物の味が気に入っているのに、「この味好きかもしれない」と言ったり、時間があるかどうかを尋ねているだけなのに、「今日お暇だったりします」などと回りくどい言い方をするような例は珍しくありません。

ただ、英語でも「～していいですか」と相手に尋ねる代わりに、「あなたは私が～したら気にしますか」(Do you mind if I...?)のような、やはり回りくどい言い方をする例があるのですから、日本人だけが曖昧な表現を好むというわけでもなさそうです。

ここで考えなければならないのは、「コーヒーの方」と言いながら、本当はコーヒーだけを指すのは、相手に関わる物を直接的に指し示さない言い回しだということです。昔から日本語では、目上の人を「**あなた**」「**御前**」のような、その人のいる方向や場所で表すようなことをしてきました。今でも、名前を知らない相手のことを、「そちら」という、やはり相手のいる方向を表す表現で呼んだりします。

運んできたコーヒーは、もう客の所有物です。店員にとって客は目上の人間なのですから、敬意を払う必要があります。その一つの方法として、客の持ち物であるコーヒーを、曖昧なやり方で指し示す言い方が考え出されたのではないでしょうか。今さら「おコーヒーをお持ちしました」などと言うのもどうかと思われますし。

私ってネコ嫌いじゃないですか

奇異に思う人が多い

初対面の誰かと一緒に動物園に行ったとします。その人が、ライオン舎をろくに見もしないで通り過ぎようとするので、「どうしてライオン見ないんですか」とあなたが尋ねます。その時に、「私ってネコ嫌いじゃないですか。だから、ライオンとかトラもあんまり好きじゃないんです」と言われたら、初対面の相手のことをよく知っているはずもないのに、どうしてそんな言い方をするんだろうと思ってしまいます。

話を聞いている相手が、自分の好みを知らないことが大体分かるような場面で、自分がネコのことが嫌いだと伝えたいのなら、「私はネコが嫌いなんですよ」と言うのが普通です。最後の「よ」は、今言っている内容を、相手が知らなくてもいいのだということを伝えるための標識としての働きがあります。

「〜じゃないですか」は、「〜ではないのですか」のくだけた言い方です。つまり「〜ではない」と一回否定しておいて、それを相手に尋ねるというしくみで出来上がっている表現です。何かを相手に尋ねるための表現を「疑問文」と呼びますが、この文は、ある事柄が本当か嘘かを純粋に知りたい場合にだけ使われるとは限りません。

例えば、スカートをはいて道を歩いている人に、いきなり「あなたは女ですか」と尋ねたとします。その時、この質問をする人は、歩いている人が女なのかどうか疑わしいと思っているはずです。そうでなければ、服装からすると女にしか見えない人に、わざわざその人が女性なのかどうか尋ねるなどという行為をすることは、とてもありえません。

この質問を受けた人が女性だったとしたら、自分が女性ではないのではないかと疑われていると思うはずで、当然こんな無礼なことをいきなり尋ねてくる人間に対して、怒りの感情をもつでしょう。

このように、疑問文というのは、尋ねている内容が本当ではないかもしれないという疑いがある時に使われることも多いのです。「〜ではないのですか」だと、尋ねている内容が「〜ではない」という否定です。だとすると、尋ねている人は、頭の中では、「〜だ」という肯定の内容の方が本当ではないかと思っているはずです。

「あなたはネコが嫌いではないのですか」という文であれば、ですから、「あなたはネコが嫌いだ」という内容の方が、実は本当ではないのかと自分が思っていることを、相手に伝えることになります。

さて、「私ってネコが嫌いじゃないですか」ですが、今までの説明からすると、「私はネコが嫌いだ」ということを、話し手自身が本当かもしれないと思っていることを表すことになります。自分の好き嫌いは、自分が一番よく知っているはずですから、現実にはこんな事態はありえません。

しかも、先ほどは述べませんでしたが、「〜ではない」という否定文を使う場合には、「〜かどうか」ということが話題になっていなければなりません。「美子は今日来ない」という文が使われるのは、「美子が今日くるかどうか」が話題になっている場合だけで、話題にもなっていないのに、いきなりこんな言い方をする人はいません。

そうすると、今問題にしている文が使われる状況では、話し手がネコが嫌いなのかどうかがすでに話題になっていて、しかも、自分がネコが嫌いなのが本当かもしれないと、話し手自身が思っているという、二重の意味でありそうもない設定がなされていることになります。だからこそ、この言い方を聞いて奇異に思う人が多いわけです。

相手と一体感を作り、敬意を払う

それでは、どうしてこんな言い方をわざわざするのでしょうか。まず、話題にもなっていない事柄を、まるで話題になっているかのように話すのは、相手が自分と同じ知識をもっているはずだと仮定することで、相手と自分に一体感を作り出す効果があります。次に、自分自身の好き嫌いなのに、それを疑っているかのように言い表すのは、「**私この味好きかもしれない**」という言い方をするのと同じです。つまり、自分の判断力をあえて低く見積もることで、相手を自分よりも上位に置く心理的効果を作り出し、その結果、謙譲語と同じ働きをさせるということです。失礼な表現のようでありながら、実は相手に対する敬意を失わない程度に、相手と自分との距離を近づける効果をもつ巧みな表現だと言えます。

連絡してもらっていいですか

「ご連絡」を使わない丁寧な依頼

誰かが自分のために何かしてくれるように依頼する時、最近よく聞かれるようになったのが、「〜してもらっていいですか」という言い方です。問題なのは、この言い方が目上の人間に対してもよく使われるということです。

目上の人間に対して連絡をお願いするのなら、「ご連絡くださるようお願い申し上げます」とか「ご連絡いただければ幸いに存じます」のような言い方をするのが、一番まともで正式なやり方です。ただ、あまり敬語を使い馴れていない若者にとっては、こういう言い方は、やはり馬鹿丁寧に聞こえるのではないかと思います。

ただ、「連絡してください」だけでは、あまりにも丁寧度が低いというのは誰にでも分かります。ここで「連絡」に「ご」を付けて、「ご連絡ください」とでも言えば、ある程度は相手に対する敬意を表すことができます。

ところが、「ご〜」を使うことを全く知らないか、知っていても使おうなどと思わない人間がいたとします。その人間が、「ご連絡」を使わないで、それでも丁寧な依頼をしたいと思って考えついたのが、「連絡してもらっていいですか」という言い方なのでしょう。

単に「連絡してください」と言うのと、丁寧さの点ではあまり変わらないような気もします。ただ、「連絡してください」は、相手に連絡を依頼する表現としては直接的です。一方、「連絡してもらっていいですか」だと、まず「連絡してもらう」の部分で、相手が自分に連絡するという事柄を表し、「いいですか」で、その事柄を相手が許可してくれるかどうかを尋ねています。

つまりこの言い方は、直接的には「あなたが私に連絡することを、あなたは許可してくれるか」という内容の疑問文です。疑問文というのは、ある事柄が本当か、あるいはそうでないのかを尋ねるための文なのですが、「一緒に行きませんか」が単なる疑問ではなくて、「一緒に行きましょう」という勧誘を表すように、聞き手に対する何らかの働きかけを表す働きをすることがあります。

間接的な依頼は丁寧さを高める

「あなたは許可してくれるか」とわざわざ尋ねているからには、許可してくれる可能性があることを期待しているはずです。このことは相手にも分かりますから、そうなると、間接的に許可を依頼されていることも理解できます。「**明日までに返事をいただけますか**」と言われれば、翌日までに返事をすることを依頼されているのだなと、誰にでも分かります。このように、「連絡してもらっていいですか」には、相手が自分に連絡してくれるようにとの依頼を、間接的に相手に理解させる働きがあります。

直接的にではなく、間接的に相手への依頼を伝えることは、直接的な依頼よりも丁寧さは高まります。間接的に意図を伝える表現がすべて丁寧だというわけではないのですが、相手に何かを依頼したり、逆に相手の依頼や申し出を断ったりする場合は、相手の好意を期待しなければなりません。相手から即座に好意を引き出すことができればそれでいいのですが、相手が目上だったり、あまり親しくない関係の場合は、いつでもすぐに好意を示してくれるとは限りません。

こういう場合に、直接的な依頼や拒否をすると、自分に対して好意を示すのが当然だと言わんばかりの態度を取っているように思われてしまい、相手の感情を害してしまう可能性があります。これに対して、間接的な方法で依頼や拒否を伝えれば、相手はそれを理解するために、少しばかり頭を働かせなければなりません。そうすると、自分の好意を引き出すために、一応は配慮をしているのだと思ってくれて、相手にそれほどいやな思いをさせないですむわけです。

恐らくこういう理由で、「〜してもらっていいですか」という依頼表現を使う若者が増えてきているのではないかと思います。ただし、だからと言って本当の意味で丁寧な依頼表現ではないことは間違いありません。敬語の用法を正しく知っている日本語の使い手ならば、この言い方を不快に感じる人は多いでしょう。最低限、「〜していただいてよろしいですか」ぐらいの、謙譲語を交えた言い方で依頼すべきでしょう。

まぎゃく

和語と和語、漢語と漢語の結合原則

漢字では「真逆」と書きます。「ま」は、「ま水」、「ま東」などにある「ま」と同じように、「本当の」という意味ですから、「まぎゃく」は「本当の逆」、つまり「正反対」と大体同じ意味になります。最近では、「正反対」よりも「真逆」の方をよく耳にするようになりました。

ただ、気になるのは、「まぎゃく」の「ま」は、漢語が導入される前から日本語にあった「和語」なのに、「ぎゃく（逆）」の方は、中国語から導入された「漢語」だということです。「ま」には「真」という漢字が当てられますが、これは、立派な和語の「いぬ」や

「あるく」に「犬」や「歩く」という漢字が当てられるのと同じです。和語と大体同じ意味を表す漢字を当てて表記する方法は、日本語独特のものですが、漢字を当てることができるからと言って、それで漢語だということにはなりません。

漢字を当てて表記することができる単語がすべて漢語なのだとしたら、ロシア語の「ラッコ」にも「猟虎」という当て字がありますし、イギリスの地名の「ロンドン」も「倫敦」と漢字で書き表す方法もありますから、明らかに漢語ではない単語も、漢字で表記できるから漢語なのだと言えることになってしまいます。もちろん、そんなことはないわけです。

「ま」は単独では使えず、必ず他の単語の前に置かれなければなりません。その場合、結びつくのは、「みず（水）」「かお（顔）」「くろ（黒）」「こころ（心）」「たい（鯛）」のような、和語である単語なのが原則です。「ま反対」のように、漢語と結びつくこともないではありませんが、あくまでも例外です。

「ま」と「逆」のような、短い二つの単語が結びついて、新しい単語が作られる時には、和語と和語、漢語と漢語のように、起源的に同じ種類のもの同士が選ばれるのが原則です。やはり、言葉の場合でも、どこで生まれたのかというのが、お互いに結びつくときの大切な要因になるようで、同郷の方が親和性が高いようです。もちろん、「テレビ受像器」や「コンピュータ制御」のように、どちらも外国語起源で、しかも語形の長い単語が結びつく場合ならば、出自など問題になりません。使われる頻度が高くて、語形が短いほど、結びつくための条件が厳しくなるようです。語形が短く、使用頻度の高い単語は、最近の外来語とは違って、古くから日本語で使われてきているものですから、旧家同士の婚姻の場合と同じように、「家柄」や「しきたり」が重視されるのでしょう。

原則からはずれる「まぎゃく」

この傾向が顕著に見られるのは、漢字一字で表記される二つの単語が結合する場合です。漢字で書き表されている単語が和語の時、その読み方を「訓読み」と言います。「水」を「みず」、「山」を「やま」と読むのが訓読みです。一方で、漢字一字を、本来の中国語の発音に近い形で読む時、その読み方を「音読み」と言います。「水」を「すい」、「山」を「さん」と読むのが音読みです。

漢字が二つ組み合わされて、新しい単語が作られる時にも出自が重視されます。漢字はもちろん中国語起源ですが、その読み方が訓読みだと日本起源、つまり和語だし、音読みだと中国起源、つまり漢語だとされて、起源の違う読み方は組み合わされないのが原則なのです。「山岳《さんがく》」の「さん」と「がく」、「痕跡《こんせき》」の「こん」と「せき」は、どちらも音読みですし、これに対し、「山猫《やまねこ》」の「やま」と「ねこ」、「爪跡《つめあと》」の「つめ」と「あと」は、どちらも訓読みです。

ただ、この原則がいつでも守られているわけではありません、「本箱《ほんばこ》」の「ほん」は音読みでも、「はこ」は訓読みですし、「敷金《しききん》」の「しき」は訓読み、「きん」は音読みです。こういう組み合わせは、「音＋訓」が「重箱《じゅうばこ》読み」、「訓＋音」が「湯桶《ゆとう》読み」と言われています。だから、出自の違う読み方の組み合わせが、いつでもいけないというわけでもないことは確かです。

とは言え、「**正反対**」という原則通りの言い方があるのに、原則からはずれる「まぎゃく」を使ったり、「視線」という漢語が特に難しいというわけでもないのに、「**めせん（目線）**」という湯桶読みの漢語を使ったりするのは、やはりあまり感心しません。もちろん、「ま」や「め」のような和語があった方が、聞いただけだと分かりやすいということはあります。だから原則がいいというわけでもないのですが、原則に違反することが正しいのでもありませんから。

事故る

動きと変化を表す名詞＋「する」

「事故を起こす」あるいは「事故に遭う」という意味を表す動詞として、「事故る」が使われるようになってからもうかなり長い年月が経ちました。今では、俗語だという注記はあるものの、いくつかの国語辞典にも項目として載せられるようになっています。つまり、もう日本語の正式な単語としての地位をほぼ獲得しているということです。

ただし、「事故る」は、日本語で新しい動詞を作る方法に正しく従っているわけではありません。そもそも「る」というのは、「見る」「着る」「食べる」「分ける」のような、「一段活用」（「上一段活用」と「下一段活用」）と呼ばれる種類の活用をする動詞の語尾として使われる形です。「事故」のような名詞をもとにして動詞を作りたければ、正式には「する」を付けなければならないのです。

実際、「運動」や「変化」をもとにして動詞を作る場合には、「運動る」や「変化る」ではなくて、「運動する」「変化する」となります。それでは、「事故」についても同じように、「する」を付けて「事故する」という動詞を作ることができるのでしょうか。

どうも「事故する」だったとしても、きちんとした動詞としては受け入れにくいような感じがします。それはどうしてかと言うと、どんな名詞でも、後に「する」を付けて動詞を作ることができるというわけではないからです。

例えば、「手紙」や「イス」の後に「する」を付けて、「手紙する」「イスする」という動詞を作ることは、普通ならばできません。この方法で新しく動詞を作ることができる名詞には、もともと動きや変化という、動詞と共通の性質が含まれている必要があります。

「運動」や「変化」であれば、まさに動きと変化を表す名詞ですから、堂々と「する」を付けて動詞にすることができます。「通勤」なら「職場と自宅を往復する」という動きの意味が含まれていますし、「改革」であれば、「体制などを変化させる」という変化の意味が含まれていますから、後に「する」を付けて、「通勤する」や「改革する」のような動詞を作ることができます。ところが、「手紙」や「イス」は単なる物です。物は、もちろん移動したり、状態を変化させることがありうるにしても、物そのものの中には、運動や変化という性質は含まれていません。このため、「手紙する」や「イスする」という動詞が使われることはないということなのです。

「事故」にしても、本来の意味は「悪い出来事」なのですから、その中に運動や変化の意味をはっきりと認めることはできにくいと言えます。だから、「事故する」という動詞が作られることはなかったのだと考えられます。ただ、「出来事」は「起こる」ものであり、「起こる」というのは、事柄がない状態からある状態への変化のことですから、「出来事」の中には変化という性質が含まれていると考えても、それほどおかしくありません。だとすると「事故する」という動詞が作られていても、不思議ではなかったのかもしれません。実際、「お茶」は単なる飲み物なのに、「**お茶する**」という動詞が作られて今でも使われていますし、「軟派」は、ある性質をもった人間の集団に過ぎないのに、女性を誘うという意味での「**軟派（ナンパ）する**」という動詞が作られて、やはり今ではよく使われています。「パロディーする」のような動詞が使われている例もあり、まだ一般的ではありませんが、そのうち普通に使われるようになるかもしれません。

若者風な感じ

けれども、「事故する」という動詞が使われるようになることはなく、新しく作られたのは「事故る」でした。名詞に「る」を付けて動詞を作る方法は、日本語として正式のものではありませんが、数十年前には「江川る」という言い方も一時期は使われたことがあります。現在ならば、「パニック」に「る」を付けて作られた「**パニクる**」は、相当数の人々に受け入れられています。「あかぎれ」に「る」を付けて、「あかぎれる」という動詞が使われている例を見つけたこともあります。

「する」ではなく「る」を付けて動詞を作る方が、どちらかと言えば俗語としての性質が強く、それだけ若者風な感じもします。交通事故を起こす機会の多い若者たちが、「事故」をもとに動詞を作る際に、「る」を付ける方法の方を選んだのも、理解できるような気がします。

歩き方がロボットな感じ

漢語をもとに作られる形容動詞

「ロボットな感じ」という表現が正しいのだとしたら、「ロボットだ」という形容動詞がなければなりません。形容動詞というのは、「静かだ」「微妙だ」のように「だ」で終わる単語で、「静かな部屋」「微妙なルックス」のように、「〜な」という形で名詞の前に置かれて、名詞が表す事物の性質を表す働きをすることができるものです。

「高い山」「広い庭」のような文句の中にある「高い」「広い」のような単語は、「形容詞」と呼ばれて、同じように名詞の表す事物の性質を表しています。ですから、事物の性質を表すための単語として、日本語には「形容詞」と「形容動詞」の二種類があるわけです。同じ働きなのですから、どちらか一つにまとめておいてもよさそうな気がするのですが、どういうわけか、日本語では昔から二つの種類が区別されています。実際古語でも、「ゆかし」「をかし」のような形容詞と、「あはれなり」「しづかなり」「堂々たり」「颯々たり」のような形容動詞が使われている例があります。

働きが同じなら、種類も一つだった方が効率的で、実際英語でもフランス語でもラテン語でも、「形容詞」と呼ばれる一つの種類の品詞しか認められていません。日本語がどうして二つの種類の形容詞を使い続けてきているのかは、日本語についての謎の一つだと言えます。「堂々」「颯々」のような中国語から取り入れられた音読みの単語をもとにして作る形容詞と、最初から日本語にある形容詞を、形の上でも区別したいという意図が、昔の日本人にはあったのではないかと想像される程度です。

さて、形容詞と形容動詞で、どちらに属する単語の数が多いかと言えば、それは問題なく形容動詞です。漢語をもとに作られるのは形容動詞で、漢語は日本語に何万もあるのですから、そこから適当な単語を選んで形容動詞を作るとしても、相当の数に上ります。「傲慢だ」「軽快だ」「相応だ」「中途半端だ」など、例をあげればきりがありません。

最近になって英語などから取り入れられた外来語をもとにする場合でも、やはり作られるのは形容動詞です。「ビューティフルだ」「エレガントだ」「ハードだ」「クリーンだ」など、外来語起源の形容動詞も、非常にたくさん作られています。

形容動詞を作る外来語とは

ただし、漢語であれ外来語であれ、どんな名詞にでも「だ」を付けて形容動詞を作ることができるわけではありません。「だ」が付けられるのは、やはり何らかの性質を表す名詞に限られます。「豊満」ならば、人間の身体の性質を表していますから、「豊満だ」という形容動詞が作られます。「異常」ならば、事物が普通とは違うという性質を表しますから、「異常だ」という形容動詞が作られることに問題はありません。外来語の場合、「ワイド」「プリティー」「インテリジェント」など、「だ」を付けて形容動詞になる単語は、そもそもが形容詞ですから、事物の性質を表していることは間違いありません。

一方で、「工場」「自動車」「線路」などの漢語は、性質ではなく物そのものを表しているだけです。このような名詞に「だ」を付けて、「工場だ」「自動車だ」という形容動詞を作ることはできません。そのことは、「工場な場所」や「自動車な走り」のように、こういった表現の後ろに名詞を続けることができないことからも分かります。

外来語にしても同じで、「ロボット」が表すのは性質ではなくて物ですから、「ロボットだ」という形容動詞を作ることはできません。ですから、「ロボットな歩き方」という言い方も正しいとは言えません。歩き方がロボットに似ているという意味を表したければ、「ロボットのような歩き方」とするのが正しい言い方です。

そうは言っても、「ロボット」のような物が、性質そのものを表すことはないにしても、何らかの性質を備えていることは確かです。そういう性質を表すために「ロボットだ」という形容動詞を作って、「ロボットな歩き方」「ロボットな話しぶり」「ロボットな知能」のような言い方をしたくなる気持ちはよく分かります。

だからこそ最近では、「エコ」という人間の活動を表す名詞や、「セレブ」という人間の集団を表す名詞をもとに形容動詞を作って、「**エコな運転**」や「**セレブな人々**」のような言い方をする例がよく見られるようになったのでしょう。漢語についても、「盤石な組織」「腰砕けな態度」のような、正式とは言えない形容動詞を使っている例があります。

あの人みたくなりたい

「みたく」を使う理由は?

「みたいだ」は、「ようだ」と同じ働きをする表現で、ある事物を別の事物にたとえたり、話し手がある事柄を推量していることを表します。「ようだ」は助動詞に分類されていますから、「みたいだ」も助動詞の一種だと考えていいと思いますが、まだ正式の助動詞だとは見なしていない辞書もあるようです。

「あの人のようになりたい」を「みたいだ」を使って言い換えれば、「あの人みたいになりたい」になるはずです。「ようだ」も「みたいだ」も「だ」で終わっていて、「静かだ」のような形容動詞と形は同じです。「静かだ」は、後に「なる」のような動詞が続く時には、「静かになる」という形になりますから、「ようだ」も「みたいだ」も、同じように「ようになる」「みたいになる」という形にならなければなりません。

ところが、この例のように、「みたくなりたい」という形で使われている例がよく聞かれるようになりました。「みたく」というのは、「大きくなる」や「高くなる」のような、形容詞の後に動詞が続く時の形と同じです。文法用語を使うなら、「みたいだ」はもともとは形容動詞型の活用をするはずなのに、連用形だけは「みたいに」ではなく「みたく」という形容詞型の活用形になっているということになります。

「みたいに」と「みたく」では、長さもそれほど違いませんから、わざわざ「みたく」という、文法的には間違った活用形を使う理由はなさそうな気もします。それに、「彼みたいな人がいい」「トラみたいなネコを見たよ」のように、後ろに名詞が来る時には、きちんと「みたいな」という形容動詞型の活用形になるのが普通で、「彼みたい人」「トラみたいネコ」のような、形容詞型の活用形になることは、くだけた調子の言い方でも聞かれることはありません。

ただ、「みたいだ」の使い方は、「ようだ」だけではなく「らしい」とも似たところがあります。例えば、「出張するみたいなことを言っていた」は「出張するらしいことを言っていた」に置き換えることができますし、「この店は休みみたいだ」も、「この店は休みらしい」と大体同じ意味を表しています。

「らしい」は、「い」で終わっていて、形容詞と同じ活用をしますから、後ろに動詞が来れば、「らしくなる」のように「く」で終わる形になります。「みたいだ」と「らしい」の働きに似たところがあるのだとすると、「らしい」の連用形「らしく」の影響で、「みたいだ」の連用形も「みたく」になってしまったのだと説明することもできるかもしれません。とは言え、「みたいだ」の働きと同じなのは「ようだ」の方で、「らしい」とは共通点があるだけなのですから、どうして「らしい」の方から影響を受けなければならないのかという説明がうまくつきません。

高い使用頻度による形容詞型活用へ

もう一つの可能性として考えられるのは、「みたいだ」が「だ」のない形の「みたい」でもよく使われるということです。「**彼私のこと好きみたい**」「明日雨みたいね」のような言い方は、特に女性の間でよくされています。「みたい」だけでも独立して使えるのだとすると、「い」で終わっているのは形容詞と同じなのですから、「みたい」が「らしい」と同じ形容詞型の活用をするものと誤解される可能性はあります。そうすると、連用形についても、「く」で終わる「みたく」という形に、当然のようになってくるわけです。

それから、「みたいだ」と「ようだ」を比べてみると、話し言葉では圧倒的に「みたいだ」が使われる頻度の方が高いという事実があります。形容詞と形容動詞では、単語の数としては形容動詞の方が多いのですが、「大きい」「いい」「寒い」のような形容詞は、ずっと昔から使われ続けている単語ですから、日常会話での使用頻度は、形容動詞よりも高いと言えます。使用頻度が高いと、本来は形容動詞型の活用をしていても、そのうち形容詞型の活用になる場合があります。「黄色」や「茶色」などの色の名前は、もともとは「黄色だ」「茶色だ」（古語では「黄色なり」「茶色なり」）という形容動詞だったのですが、色名はよく使われますから、今では「黄色い」「茶色い」という形容詞として使われるようになっています。ですから、「みたいだ」も、高い頻度で使われることから、形容詞型の活用に移行したのではないかと推測されるわけです。

足が痛かって、いやだった

過去の事柄だと分かる「痛かって」

「足が痛かったのでいやだった」という表現の前半部分を、「〜て」を使って言い換えると、「足が痛くていやだった」になります。「ので」の前では「痛かった」と言うことができて、「た」があることにより過去の事柄だということが直接的に表されます。これに対して、「て」の前では「痛く」という「た」のない形になり、痛いのが過去の出来事だというのは、後半部分の「いやだった」が言われてようやく分かります。

最後まで聞けば過去の事柄だということが分かるのですから、前半部分に「た」がなくても、意味の理解にそれほど支障はないような気もします。そうは言っても、「ので」を使う場合には、「痛かった」と聞いただけですぐに過去の事柄だと分かるのですから、事柄が起こった時点を知るための仕組みについては、「た」があったほうが効率的だと言えます。多分そういう理由で、「痛くて」ではなくて「痛かって」という、文法的には間違った形を使う若者が増えてきているのではないかと思います。

ただ、「痛かって」という表現の中にも「た」は使われていません。それでは、どうして過去だということが分かるのでしょうか。それは「痛かっ」という活用形が使われているからです。この活用形は、国文法では「痛く」と同じ「連用形」だとされています。同じ連用形なのですから、働きに違いはないはずです。確かに、そうなのですが、「痛く」には、「て」が続くほか、「痛くする」のように動詞が続いたり、「身体が痛く、気分も悪かった」のように、単独で文をいったん中止させる場合に使われたりします。一方、「痛かっ」は、後に「た」が続く場合に使われることが圧倒的に多くて、それ以外には「痛かったり」のように「たり」が続くことがあるだけです。

だとすると、「痛かっ」という形を聞いた段階で、後に「た」が来るものと即座に予測されますから、たとえ「た」が後続しなくても、過去の事柄を表すものと理解されることになります。つまり、「痛く」では表せなかった過去の意味を、別の連用形「痛かっ」を使うことで、完全にというわけではなくても、ある程度確実に表すことができるようになるというわけです。

「横柄だっていやだった」と言わない理由

「痛かって」が使われる理由の一つとして考えられるのは、今述べたような内容なのですが、この説明だけでは、実は少し不安があります。もしこの説明が正しいとすると、形容詞と同じ働きをする形容動詞についても、同じような現象が観察されてもおかしくないはずです。ところが、形容動詞については、「態度が横柄でいやだった」や「部屋が静かでよかった」の代わりに「態度が横柄だっていやだった」や「部屋が静かだってよかった」のように言っている例は、今のところ見られません。

「横柄だっ」「静かだっ」という、形容動詞の連用形も、後に「た」が続く例が多いことは確かです。ただ、同じ形が別の場合に使われることがあります。それは、「**静かだっていっても**、田舎じゃしょうがない」のように、「静かだと」のくだけた言い方として使われる場合です。この「静かだ」は終止形なのですが、「と」の代わりに口語的な「て」が使われる時には、「静かだっ」という形になるのです。

　ところが、形容詞については、「痛いっていっても」のように、「と」の代わりの「て」が続く時には、「痛いっ」という形になり、「痛かっ」という形にはなりません。同じ「て」が続く場合でも、文をつなぐ働きをする「て」は「接続助詞」で、「と」の代わりの「て」は「格助詞」です。接続助詞の「て」が続く時の活用形は連用形で、格助詞の「て」が続く時の活用形は終止形ですから、形容詞でその二つの形が違うのは、考えてみれば当然のことです。形容動詞の場合は、たまたま同じ形になっているだけです。

　そしてそれが原因となって、「静かだっ」という形だけを見て、その後に過去を表す「た」が来るものと、確実に予測することはできません。しかも、「痛かって」という形は、口語体でも正式なものとは認められていませんが、「静かだって」という形は実際に使われていて、その後に「言う」や「思う」のような動詞が続くのが原則です。これに対して、形容詞の「痛かっ」という連用形は、過去の出来事を予測させることができるのですから、このような連用形の用法が形容詞に限られているのも、そうだろうと納得できるわけです。

突然うれしい

「突然」と一緒に使える表現とは

「突然」は、ある予期していない事柄が瞬間的に起こることを表すための単語です。「雨が突然降り出した」や「客が突然尋ねてきた」のような言い方の中で使われます。「降り出す」「尋ねてくる」という表現は、瞬間的に起こる事柄を表していますから、「突然」と一緒に使っても全く問題はありません。

一方で、「選手が走る」「料理を作る」のような表現が表す事柄が起こるためには、ある程度の時間が必要です。人間が走るためには、一定の距離を移動しなければなりませんが、どんな物でも移動するためには時間がかかります。誰かが料理を作るためには、材料を切ったり、湯を沸かしたりしなければなりませんが、そのためには、必ずある程度の時間が必要です。ですから、このような事柄が瞬間的に起こることはなく、実際「突然選手が走る」「突然料理を作る」のような言い方をすることはできません。

「本が机の上にある」「社長が部屋にいる」のような、物の存在を表す事柄についても、瞬間的にどこかに存在していて、すぐになくなるということはありえませんから、その事柄が起こるためには一定の長さの時間が必要です。このため、「突然本が机の上にある」「突然社長が部屋にいる」のような言い方もできません。

物の存在は、「状態」の一種だと考えることができますが、「誰かがうれしい」「何かが明るい」のような、形容詞を使って表される事柄も、同じように状態を表します。物の存在を表す事柄が起こるために時間がかかることからも分かるように、一般に、状態を表す事柄が起こるためにも一定の長さの時間が必要です。ですからやはり、「突然誰かがうれしい」「突然何かが明るい」のような言い方をすることもできないわけです。

「うれしい」「明るい」ではなく、「うれしくなる」「明るくなる」にすれば、それは、状態の「変化」を表します。変化であれば、瞬間的に起こることは十分にありえますから、「突然うれしくなる」「突然明るくなる」のような言い方に全く問題はありません。

状態の瞬間的変化を表す形容詞

ただ、「その話を聞いて、彼はうれしかった」や「とげが指にささって、痛かった」のような文では、ある状態への瞬間的な変化が表されています。「うれしい」「悲しい」「痛い」「暑い」のような形容詞が表す人間の感情や感覚については、瞬間的に起こる場合もあります。何らかの刺激で、瞬間的にある感情がわき起こったり、瞬間的にある感覚が認知されることは、特に珍しいものでもありません。

もちろん、そのような瞬間的な状態変化だったとしても、通常ならば「うれしくなった」「痛くなった」のように「なる」を使って表されます。けれども、今あげた例のように、「その話を聞いて」「とげがささって」と言った、ある状態への瞬間的な変化を促すような語句が前もって言われていれば、「なる」を使わないでも、形容詞単独で状態の瞬間的変化を表すことができるのです。

「突然」は、まさに瞬間的な変化を表すための副詞です。ですから、その後に「うれしい」という「感情」を表す形容詞が単独で使われたとしても、この形容詞が表す種類の感情の性質とは、必ずしも矛盾しません。恐らくこういう理由で、「突然うれしい」という表現を不自然だと思わない人が出てきているのではないかと考えられます。

　感情や感覚を表す種類の形容詞以外は、単独で瞬間的な変化を表すことは滅多にありません。「美しい」「賢い」「高い」「広い」など、人間や事物の性質を表す形容詞は、性質というものが一般的に長い期間にわたって継続するものですから、「花子は賢かった」と言われれば、普通は何年にもわたってその状態が継続したものと理解されます。

　ですから、「突然」や「急に」などの、瞬間的に事柄が起こることを明確に表す副詞が前もって言われていたとしても、「突然賢い」や「急に広い」のような言い方をすることは、どうしてもできないわけです。

　同じように、「〜するため」という目的を表す言い方であれば、「目的」というのは、何らかの状態変化を成立させようとする意図を表すのですから、その中に「変化」という意味が最初から備わっています。たとえそうであっても、「美しくなるため」「偉くなるため」の代わりに「美しいため」「偉いため」のような表現を使うことはできないのです。

空に輝く星たち

複数形がない日本語

日本語には、物が二つ以上、つまり複数あることを表すための「複数形」がありません。「机の上に本がある」という文の中には、「机」と「本」という名詞がありますが、机も本も単数（一つ）なのか、それとも複数なのか、この文だけからは分かりません。誰かの勉強部屋のことを言っているのなら、普通机は一脚だけでしょうから、「机」は単数だろうと推測できます。机の上にある本の方は、一冊だけの場合と何冊かある場合の、どちらもありえますから、単数なのか複数なのか、これだけでは確実に推測はできません。

このように、日本語の名詞が表す物が単数か複数かは、文が使われている場面を手がかりにして、ある程度は推測できますが、確実ではありません。もちろん、物が具体的にいくつあるのかを表したければ、「机が一脚」とか「本を三冊」とか言えばいいのですが、物が複数ある場合には、それがいくつなのか正確には分からないのが普通です。初めて訪れた学校のある教室に一体何人の生徒がいるのか、一目だけで正確に分かる人間はまずいません。

教室に生徒が一人しかいないことなら、もちろん誰にでもすぐ分かります。多分こういう理由で、物が一つなのか、それとも二つ以上なのかということが語形の上で区別されて、名詞の「単数形」と「複数形」をもつ言語も多いのでしょう。

日本語にはそのような数の区別がないのですが、先ほど述べたように、場面や文脈をもとにして、名詞が表す物が単数なのか、それとも複数なのかの判断をすることは、何とかできるのが普通です。ですから、わざわざ単数と複数の区別を語形の上でするということをしていないのだろうと思います。

ただ、日本語にも複数を表す方法がないわけではありません。その一つは、「人々」「山々」のように、同じ名詞を繰り返すことです。もっとも、この方法で複数を表すことができるのは、ほんの一部の、語形が短くてよく使われる名詞に限られています。「椅子椅子」「りんごりんご」などと言って、椅子やリンゴが複数あることを表すことはできません。

もう一つの方法が、名詞の後ろに「たち」を付けることです。「友人たち」「子供たち」「男たち」のような言い方ができますが、この方法で複数を表すことができるのは、基本的には人間を表す名詞に限られます。人間以外の物であれば、動物のような生き物でも、「イヌたち」「ゾウたち」のような言い方で複数を表すことは、原則としてはできません。ましてや、この例のように、生物でない物が複数あることを「星たち」のような言い方で表すことは、「たち」本来の使い方とは相容れないもののはずです。

それに、「たち」が複数を表すと言っても、同じ物が複数あることを表すとは限りません。「太郎たちが来た」という表現の「太郎たち」は、「太郎」という名前の複数の人間を表すことは通常はなくて、太郎とそれ以外の人間を指すと理解されるのが普通です。同じように「部長たちがいる」では、部長職の人間が何人かいるということよりも、部長とそれ以外の人間がいることを表すのが普通です。ということは、「名詞＋たち」という言い方は、名詞が表す物を代表として、それ以外の物も含めて複数の物があるということを表す働きもあるということになります。

親しみを表す「たち」

ただ、「たち」を続けることができる名詞が人間を表すのが原則だとすると、「星たち」という表現を使うことで、星という物を人間のように見なしている（要するに「擬人化」している）ものと考えることも可能です。だとすると、星を人間の仲間に入れることで、星に対する強い関心、あるいは親しみを表そうとしているのだと解釈することもできるかもしれません。昔から人類が夜空に輝く星を見て、色々なことを想像してきたことは確かなのですから、星を擬人化するという操作も、特に不思議なことではありません。

ところが最近では、「**次はこの野菜たちを洗います**」や「道路には標識たちがあふれていた」のような表現に出会うのも、それほど珍しくはなくなっています。星や花にならば親しみを感じるのも分からないではありませんが、料理に使う野菜や道路標識を、人間と同じように見なして親近感をもつような人は、まずいないのではないでしょうか。だとすると、このような場合に使われる「たち」は、単に物の複数性を表すだけの働きをしているのだと考えなければならないのかもしれません。

もういいよ的な雰囲気

「名詞＋的」は便利な表現

「これ以上は受け付けない雰囲気」という意味で、「もういいよ的な雰囲気」と言ったり、「馬鹿にするな的発言」で、「自分への侮辱を非難するような発言」という意味を表す働きをする「的」を使った言い方が、くだけた文体の文章で見られるようになりました。

「的」は便利な表現で、非常にたくさんの名詞の後に付けて、別の名詞の性質を表す形容動詞を作ることができます。「豪華」「壮麗」のような、最初から事物の性質を表す名詞ならば、直接「な」を付けて「豪華な」「壮麗な」という形の形容動詞を作ることができます。これに対し、「経済」「心理」「建設」など、それ自体では性質を表さない名詞は、後ろに「的」を付けて、「経済的な」「心理的な」「建設的な」という形容動詞を作ります。もし「的」を当てる表現を用いることができなければ、例えば「経済的な話題」は「経済に関わる話題」、「経済的な自動車」であれば、「経済」そのものが使いにくいので、「出費を節約できる自動車」のように言い換えなければなりません。同じように「建設的な意見」も「建設に関係する意見」という意味ではなく、「今後の議論を進展させる意見」のような形の言い換えをしなければ、「建設的」の正しい意味を表したことにはなりません。

つまり、「名詞＋的」は、名詞が表す事物に関係する、非常に広い範囲にわたる性質を表すことができるようになっているわけです。しかも、「的」を使わない表現より、語形も短くてすみますから、まさに「経済的」で便利な表現なのです。

このように便利な表現なので、昔からさまざまの種類の名詞に「的」を付けた語句が作られてきました。「プラトン的」「織田信長的」「ローマ的」「日本的」のような、人名や地名に「的」を付けた表現は、以前から普通に使われています。時々で話題になった人物名にも「的」が付けられて、「キムタク的なかっこよさ」や「しょこたん的振る舞い」のような言い方がされることもあります。

「X的」は、Xという事物に関係する性質を広く表しますから、「経済」「心理」のような抽象的な意味を表す名詞だけでなく、「動物」「花」「書物」のような具体的な物を表す名詞にも付けることができます。「**動物的本能**」のような表現はよく使われますが、「**花的生活**」で「毎日花に囲まれて暮らす生活」、「**書物的日常**」で「書物を耽読する喜びに溢れた日常」といった意味を表そうとしている例も見られるほどです。

「文＋的」で理解が容易になる

「的」をいろいろな名詞に付けることからさらに発展したのが、ここで出している「もういいよ的な雰囲気」です。「もういいよ」は単語ではなく文です。もちろんこれは、日本語で新しい単語を作る決まりには違反しています。けれども、ほとんどあらゆる種類の名詞に「的」を付けることができるのだとしたら、「X的」と言われた場合に、この表現を理解するためには、Xが直接表す物ではなく、Xを含む「事柄」を思い浮かべなければなりません。先にあげた、「花的生活」「書物的日常」の場合もそうでしたが、「犬的日記」であっても、「イヌと一緒に暮らす生活を描写する日記」のように、やはり「犬的」の内容は、文の形で表さなければなりません。

そうなると、実際の文の後ろに「的」を付ける言い方が出てきたとしても、何の不思議もないことになります。実際、「**俺についてこい的指導**」や「自分さえよければいい的な行動」のような言い方は、それほど珍しいものではなくなっています。これらの言い方は、文を使う以上どうしても長くなってしまうので、その点では経済的ではありませんが、指導や行動がどのようなものなのかが具体的に表されているので、「名詞＋的」の場合よりは、理解が直接的で容易になるという利点もあります。

ただし、「もういいよ的」とは言っても、実際に「もういいよ」と言うとは限りません。つまり、「もういいよ」という発言が、他人の言動や申し出を受け入れない態度を代表しているだけなのです。だとすると、本当の意味で正しくこの表現を理解するためには、「もういいよ」という発言に関連する人間の心理を推測しなければなりません。だとすると、文の形で表現されていたとしても、必ずしも理解が直接的になるとは限らないわけです。しかも、「文＋的」は依然として正式な表現だとは見なされていませんから、安心して使うことができる場面は、かなりくだけた文体の文章中に限定されると言えるでしょう。

Ⅱ　ちょっと気になる日本語

私が言いたいのは、健康が大切です

冗長な感じをさける

日本語の難しいところの一つとして、「は」と「が」の使い分けがあります。同じ助詞でも、「は」は副助詞、「が」が格助詞に分類されていることからも分かるように、この二つの単語の働きが違うのは、ずっと前から知られていることです。

実際、「ネコがないています」と言う場合の「ネコ」は、これが声を出してないているのですから、文法的には「主語」と呼ばれるものです。これに対して、「ネコは飼っていますね」と言う場合の「ネコ」は、誰かがネコを飼っているということなのですから、文法的には「目的語」と呼ばれるものです。

ただ問題なのは、「花子が賢い」と「花子は賢い」のように、「は」と「が」のどちらもが主語を表すことができるということです。「が」はいつでも主語を表すために使われて、「は」は主語以外のものを表すためにも使えるのですが、実際に使われる時には、「は」も主語を表すために使われる場合が圧倒的に多いのです。

ここから、同じように主語を表している場合の「は」と「が」はどこが違うのだろうかという問題が出てくるわけです。これは実は大変に難しい問題で、多くの学者の関心を惹き付けているのですが、現段階でも完全な解答が出ていません。専門用語では、「は」は「主題」を表すと言われるのですが、それでは主題とは一体何なのかということになると、どうもはっきりと誰にでも分かるようには説明できないのが現状なのです。

ただとにかく、日本語の文で主題は一番大切なものだということは確かで、大切だからこそ、文の先頭に置かれます。そして、先にあげた例の「飼っています」や「賢い」のような「述語」と呼ばれる成分は、文の一番最後に置かれるのが原則です。

日本語の文を作る時に間違えやすい点として、主題で言われた内容が要求するはずの述語とは違う形の述語を使ってしまうということがあります。この例では、「私が言いたいのは」が主題です。「言いたいのは」というのは「言いたいことは」と同じです。だとすると、述語として使うべきなのは、「～だということです」という形です。

ですから、正しい言い方にしようとすれば、「私が言いたいのは、健康が大切だということです」にしなければなりません。同じように、「私の意見は、税金を下げるべきです」ではなくて、「私の意見は、税金を下げるべきだということです」としなければなりませんし、「彼の考えは、来年選挙があります」ではなくて「彼の考えは、来年選挙があるということです」にしなければなりません。

ただ、文の最後に「ということです」をわざわざ付け加えると、何となく冗長な感じがすることは間違いありません。それに、「私が言いたいのは、～です」という、文法的には間違った言い方をしたとしても、意味が正しく伝わらないということはまずありません。多分こういう理由で、「私が言いたいのは、～です」という言い方をする人がたくさんいるのだろうと思います。

書き言葉では文法的に正しい表現を

これとは少し違いますが、列車内の放送では、「**次にとまります駅は、京都にとまります**」のように、不必要な「とまります」を繰り返す言い方を聞くことがよくあります。これは、最初の部分を聞き逃した客が「京都です」だけを聞いたとしても、正確な内容が理解できない可能性があるため、「京都にとまります」とわざわざ同じ動詞を繰り返す表現を使っているのでしょう。

というわけで、文法的には明らかに間違っているのですが、主題が要求するような表現を述語に使っていない文が使われるのも、無理もないかなというところもあります。ただ、話し言葉では、少しぐらい文法的に間違った表現でも、意味が正しく伝われば許容してやってもいいかもしれませんが、書き言葉の場合は、やはり最低限文法に違反しない文を書くことが必要です。書いた文章は、会話とは違って、正しい意味を推測する手がかりとなる状況がないのですから、自分の意図が誤解されないための最も基本的な条件である、文法的に正しい表現の使用が要求されるのです。

レストランを貸し切ってパーティーをする

「貸し切る」と「借り切る」の混同

レストランや料亭などの場所を「貸し切る」のは、その場所の経営者でなければなりません。「貸し切る」のは、「全部貸す」ということなのですから、レストランを所有なり経営なりしていなければ、そこを貸すことはできません。

一方で、「パーティーをする」のは、一般の客であって、レストランの経営者ではありません。もちろん、経営者自身が自分のレストランでパーティーを開催することはあるでしょうが、その時には「貸し切る」などという動詞を使うことはありません。単に、「自分のレストランでパーティーをする」と言えばいいだけです。

パーティーをするのが一般の客だとしたら、レストランは「貸す」のではなく、「借りる」ことになるはずです。ですからこの例も、「レストランを借り切ってパーティーをする」という言い方をしなければ正しくなりません。

「貸す」と「借りる」は、まさに正反対の意味を表す反対語の関係にあるのですから、両者を取り違えると、本来ならば全く違った意味を表すことになってしまいます。わざわざ例をあげるまでもありませんが、「太郎が花子に金を貸した」と「太郎が花子に金を借りた」を比べると、「貸した」では金が太郎から花子に動くのに、「借りた」では、逆に花子から太郎に金が動くのですから、金の動きが正反対になります。

こんなに意味が違うのに、どうして「貸し切る」と「**借り切る**」が混同されてしまうのでしょうか。まず、「貸し切る」の方が、「借り切る」よりも使われる頻度が高いということがあります。「貸し切る」という形ではありませんが、「貸し切り」ならばよく見たり聞いたりするはずです。

「貸し切りバス」は町中をよく走っています。中で宴会ができる「貸し切り電車」のことがニュースになることがあります。温泉地に行けば、最近では家族やカップルだけが独占できる「貸し切り風呂」がある旅館も増えています。

「貸し切り○○」という表現は、もちろんその○○を所有している側から見た言い方なのですが、それは当然のことです。個人や団体に独占的に使ってもらう車両や風呂を提供する側が、自分の立場からその○○を呼ぶことをしなければ、宣伝や広告の時に誤解を生じる可能性があります。

「借り切りバス」は使われない

温泉地の旅館に「借り切り風呂あります」などという張り紙が出ていたとしたら、それを見た人は、当の旅館が、また別の旅館の風呂を借り切っているのかと思ってしまいかねません。「貸し切り風呂」と呼ぶことで、旅館が自分のところでその種の風呂を提供しているのだと正しく理解されるのです。

借りる方の客の側が、車両や風呂のことを一般に向けて宣伝することなど普通はありませんから、所有者の側からの呼称である「貸し切り○○」という表現だけが、日常生活でよく使われているわけです。実際、「借り切りバス」「借り切り風呂」などという表現が使われることは、まずありません。

このように、「貸し切り」ばかりを日常的に目にしたり耳にしたりすることから、「借り切る」という動詞の存在が忘れられて、「貸し切る」が「借り切る」の意味をも包含するようになってしまったのではないかと思います。

「貸す」と「借りる」は、意味が正反対だと先に述べましたが、お金、または物の使用権が、一方から他方へ移動するという点では、これらの動詞が表す事柄の性質は同じです。だとすると、混同されても仕方がないところもあります。実際、英語の rent という動詞は、辞書を見ると「貸す」と「借りる」の両方の意味を表すと書いてあります。

こういう理由もあることから、ますます「貸し切る」を「借り切る」の代わりに使う傾向が強まったのではないかと思います。

極めつけはセレブのお店

「極めつけ」という日本語はない

まず、「極めつけ」という単語は、日本語にはありません。あるのは「極めつき」です。「極めつき」とは、「極め書き」が付いていることであり、「極め書き」とは、品物に対する専門家の鑑定書のようなものです。

鑑定書としての「極め＝極め書き」がついていることを表すのなら、「極め」と動詞の「つく」を組み合わせて、**「極めつき」**となるのが原則です。「おまけ」がついているのなら「おまけつき」ですし、「こぶ」がついているのなら、やはり「こぶつき」です。

ですから、ここであげている例でも「極めつきは～」としなければ、語形として正しくなりません。ただ、極め書きは、普通ならば書画骨董のように、きちんとした鑑定書を付けることができる品物について言うのが原則です。「極めつきの茶器」や「極めつきの刀剣」のような表現であれば、ですから問題はありません。

ところが、店舗や食品に対して鑑定書などが発行されることはありませんから、「極めつきのお店」や「極めつきのカレー」などと言うのは、「極めつき」本来の使い方には違反していることになります。ただ、もし鑑定書があったとすれば、それを付けることができるくらいの定評や品質があるというところまで、「極めつき」の意味が拡張することは十分にありえます。このような、「質が非常に高い」という意味を表すのだと考えるならば、「極めつきのお店」や「極めつきのカレー」も、まあ許容範囲に入るでしょう。

しかし、この例で問題なのは、「極めつき」としての「極めつけ」を、「高い品質」の意味ではなく、「最後」「極端」という意味で使っていることです。いろいろと評判のいい店を紹介して、「そして最後に」セレブが愛用している店を紹介するという形で使われているのが、この「極めつけ」です。

店であれば、その店の質が高いことを言いたい場合もありますから、「極めつきの店」という言い方も、その限りでは間違いではありません。この例でも、セレブが利用する店ならば、質が高いのが普通でしょうから、この文句を使った人の意図とは別に、「極めつき」を、本来の正しい意味を表すものとして無理矢理理解することも、できないわけではありません。

これに対し、「今回の極めつけは激辛うどん」や「この島の動物たちの極めつけは、ガラパゴスゾウガメ」のような言い方であれば、「極めつけ」が「最後、極端」の意味で使われていることは明かです。だとすると、これらの例は、語形と意味の両方で、「極めつき」の使い方を間違えているのだと考えなければなりません。

「極める」の連用形+「つけ」

「極めつけ」を「極めつき」の代わりに用いる理由として考えられるのは、現代の日本語では、「極め」だけで、「極め書き」と同じ独立した名詞として使われることがないということです。「この品物には極めがついている」などとは言いません。

「極め」が名詞として理解されにくいとすると、残るのは「極める」という動詞の連用形としての理解です。「極める」なら、「芸を極める」のように、日常的にもよく使われています。「極め」が動詞だとすると、これと組になって新しい単語(複合語)を作る相手として優勢なのは、「つける」です。

「動詞＋つける」というしくみで作られた単語ならば、「受けつけ」「買いつけ」「書きつけ」「言いつけ」など、たくさんあります。恐らくは、このように「極め」が動詞として理解されてしまったということで、「つける」と結合した「極めつけ」の方が連想されやすかったのではないかと思います。

「極める」ならば、「終わらせる」「極限に到達させる」という意味を表します。「極め」が動詞「極める」の連用形だと理解されているのだとすると、そこから「終わり」や「極限」の意味が出てくるのは、かなり必然的です。「つけ」の方は、「受けつけ」や「買いつけ」でも、それほど特別の意味を表しているわけではありませんから、「極めつけ」の意味を決定する役割を果たすのは「極め」の方です。

この意味ならば、本当は「極まり」を使うべきところでしょうが、「極めつき」からの類推で「極めつけ」が作られて、その意味を決める働きをもっと誤解された「極める」の影響で、「極めつけはセレブの店」のような言い方が広まったということでしょう。

東京を3時発の「のぞみ」です

「東京を3時発」は文法的には間違い

新幹線の車内放送では、よく聞かれる文句です。何回も使われると、特に問題はないような気がしますが、日本語の文法としては正しい言い方ではありません。

問題なのは「東京を3時発」です。「東京を」と言うならば、その後には「出発する」や「訪問する」のような動詞が来なければなりません。「を」は、品詞分類では「格助詞」と呼ばれるもので、動詞の「目的語」を表すために用いられるのが原則です。

「を」が動詞の目的語を表すのだとすると、「名詞＋を」の後には動詞が来なければならないということになります。ところが、「東京を3時発」だと、「東京を」の後には「3時発」という名詞しかありませんから、文法的には間違いだと考えなければなりません。

文法的に正しくしようとすれば、「東京を3時に発車する」あるいは「東京を3時に発車した」のような言い方になります。

同じような例としては、「**やさしさをありがとう**」があります。「ありがとう」は、現代の日本語では「おはよう」や「おやすみなさい」などの挨拶と同じで、「おや」や「こら」なども含まれる、「間投詞」の仲間だと考えて差し支えありません。間投詞は動詞ではないのですから、目的語をとることはできません。目的語が「を」を使って表されるのだとすると、「～をありがとう」という言い方は適当とは言えないことになります。これは、「見知らぬ人をおや」や「いたずらをこら」のような言い方ができないのと同じです。

ただ、「ありがとう」は感謝の気持ちを表す表現ですから、何に対する感謝なのかを表したくなるのも当然です。「ありがとう」は「ありがたく」が「音便」と呼ばれる音の変化を経た結果の語形です。「ありがたく」は「ありがたく思う」「ありがたく存じます」のような言い方で使われるのですが、これらの言い方であれば、「やさしさをありがたく思う」のように、感謝の対象を「名詞＋を」で表すことができます。

「ありがたく」と「ありがとう」が関係していることなら、誰でも何となくは分かりますが、ここから、「〜をありがとう」という表現が作られることになったのではないかと思います。

列車の発車場所が正確に分かる

「3時発」の場合、どこを3時に発車するのかを付け加えようとすると、「東京3時発」になるのが原則です。しかし、この表現だけでは、「東京」が列車の発車する場所を表すのか、列車が向かう目的地を表すのか、本当ははっきりとは分かりません。

「発車する」は「東京を発車する」のように、格助詞として「を」を使いますから、「東京を3時発」と言えば、列車が発車する起点が東京だということが、正確に表されます。恐らくこういう理由で、文法的には用いることができない「を」が現れる表現が使われるようになったのではないかと思います。

「を」が使えないはずなのに使われている例としては、他にも「**ゴミを投げ捨てはやめよう**」があります。この文句は、頻繁に渋滞する幹線道路の中央分離帯に設置されている標識に、時々見かけることがあります。「投げ捨て」は「投げ捨てる」という動詞がもとになってはいるものの、品詞としては立派な名詞です。

だとすると、「投げ捨て」の前に「ゴミを」という語句を用いることができないのは、今までの例と同じです。それでも、投げ捨てる対象となるものがゴミなのだということをはっきりと言い表すために、あえて「を」を使ったのだろうと考えることもできます。

ただ、この例の場合は「ゴミの投げ捨てはやめよう」のように、「を」ではなく「の」を使えば、文法的に正しい表現になります。「バナナのたたき売りを神社の境内でやる」や「同じ話の繰り返しは退屈だ」など、「名詞＋の」によって、「たたき売る」や「繰り返す」という行為の対象を表すことができるのと同じです。

ですから、「バナナをたたき売りを〜」や「同じ話を繰り返しは〜」が、かなり不自然な文句なのは確かで、同様に「ゴミを投げ捨ては」も、やはり許容度がかなり落ちると言えます。一方で、「東京の3時発の「のぞみ」」という言い方はできません。このことから、「東京を3時発」という言い方が許容されているのではないかと思います。

まるで本物かのように

なぜ余計な「か」を付けるのか

この表現は「本物か」の「か」を取って、「まるで本物のように」とすれば正しくなります。あるいは、「まるで本物であるかのように」とすることもできます。

「本物のように」とすればいいところを、どうしてわざわざ余計な「か」を付けてしまうのでしょうか。まずは、「本物であるかのように」の「である」が省略された結果なのだろうという説明を、すぐに思いつきます。「である」調は、かなり堅苦しい感じがするので、これを取って、いくらかくだけた調子にしたということです。

ただ、「である」を使いたくなければ、「本物のように」という、「か」を使わない正しい形を使えばいいわけです。それなのに、わざわざ「本物であるかのように」という堅苦しい表現をまず思い浮かべて、それから次に、堅苦しさをなくすために「である」を取り除くという作業をするのは面倒です。こんな面倒な作業が、実際に頭の中で行われているのだとは、ちょっと考えにくいところがあります。

理由としてもう少し説得力がありそうなのは、「まるで見てきたかのように話す」や「まるですぐにでも出かけるかのように慌ただしい様子」のような表現からの類推だということです。「まるで〜」の後に「見てきた」や「出かける」のような動詞が用いられる場合には、「まるで〜かのように」という「か」を使うのが正式な言い方です。

そうすると、動詞を用いるこのような表現からの類推で、「まるで本物のように」に、直接「か」を入れ込んで作られたのが、「まるで本物かのように」なのだという説明もできます。ただ、それでも問題なのは、動詞が使われる場合でも、「まるで見てきたように」や「まるですぐにでも出かけるように」のような、「か」を使わない言い方でも構わないということです。「か」を使うのが正式であることは確かなのですが、「まるで」と「ようだ」の二つがあれば、それで比喩表現であることは分かりますから、わざわざ「か」を使わない言い方も許容されているということなのでしょう。

「まるで元気かのように」

「まるで本物のように」にも、「まるで」と「ようだ」がちゃんとありますから、そこに「か」を付け加えたくなる、積極的な要因はないようにも思えます。

だとすると、うまい説明は結局できないということになりそうです。しかし、もう一つ忘れてはならない種類の品詞があります。それは「形容詞」です。今までの表現中に形容詞を使うとすると、「まるで自分が偉いかのように振る舞う」「まるで私の服が汚いかのように見る」のようになります。形容詞を用いるこの種の表現については、「まるで自分が偉いように」や「まるで私の服が汚いように」という言い方をするのは、動詞の場合に比べるとかなり許容度が劣ります。

形容詞と同じ働きをする形容動詞についても、事情は同じです。「元気だ」という形容動詞を使う場合なら、「まるで元気であるかのように」になりますし、「健康だ」を使うなら、「まるで健康であるかのように」という言い方にしなければなりません。「まるで元気であるように」「まるで健康であるように」という言い方は、とても普通の言い方とは言えません。

「か」が省略できないとすると、「まるで元気であるかのように」という表現の堅苦しさをなくすためには、「である」を取るしかありません。ここから、**「まるで元気かのように」**という、正式ではないけれども意味は正しく理解される表現が作り上げられます。「元気だ」「健康だ」は、品詞としては形容動詞ですが、「だ」を除いた「元気」や「健康」は、ちゃんとした名詞です。「元気が大切」「健康に気をつける」などと言えるのがその証拠です。

そうすると、正確にはそうではないけれども、表面的には「まるで〈名詞〉かのように」と見える言い方をすることができるようになるわけです。「本物」は名詞なのですから、この枠組みに合わせて、「まるで本物かのように」という言い方がされるようになったのだろう、というのが、一番納得のいく説明ではないかと思います。

この温泉は濃度を一定に保たれております

「を」が使われる「持ち主の受け身」

ある有名な温泉地で実際に見かけた文句です。温泉の湯の濃度が一定に保たれているという意味を表していることは分かるのですが、どこか変な感じがします。おかしいのは、「濃度を」の「を」で、これを「が」に置き換えて、「この温泉は濃度が一定に保たれております」とすれば、問題は解消します。

それではどうして、「を」ではなくて「が」でなければならないのでしょうか。同じような構文で、「を」を使っても問題のない言い方はあります。例えば、「山田さんは財布を盗まれた」という言い方では、「が」ではなく「を」を使った方が適切です。実際、「山田さんは財布が盗まれた」という言い方はしません。

「花子さんは美しい着物を褒められた」という、先ほどとは逆のよい意味で「られる」が使われている場合でも、「花子さんは美しい着物が褒められた」とすることは、やはりできないと言っていいでしょう。

今取り上げた二つの例では、盗まれたり褒められたりするのは、山田さんの持ち物である財布と、花子さんの持ち物である美しい着物です。こういう場合に、受け身を表す「られる」が使われる表現は、「持ち主の受け身」と呼ばれています。

持ち主の受け身を表す普通の構文は、そうすると、「XはYを～される」という形になるのが原則だということになりそうです。だったら、「温度を一定に保たれている」という言い方は、きちんとこの基本構文に従っているのですから、文法的にどこにも問題はないと考えなければならないことになります。

確かにそうなのですが、よく考えてみると、持ち主の受け身と言っても、「温泉」のような無生物は、そもそもが何かを所有するということはないものです。所有と言うよりは、「所属」に近いものだと考えた方がいいようにも思われます。

こういう、無生物である物に何かが所属しているというような場合の「持ち主の受け身」では、「を」よりも「が」の方が落ち着きがいいようです。例えば、建物の壁がどんな色なのかを言い表したい場合には、「**その建物は壁が赤く塗られている**」と言う方が、「**その建物は壁を赤く塗られている**」よりも適切だと判断されます。ただし、現在の時点で、問題の建物の塗装工事が行われているというような状況では、どちらかと言えば「を」を使った方がいいようにも思われます。

状態を表している場合の「が」

そうすると、無生物への物の所属という意味での持ち主の受け身については、その物が何らかの状態にあることを淡々と表している場合には、「が」が使われて、その物が何らかの作用を受けるということを特に言い表したい場合には「を」が使われるのではないかと推測することができます。ある町の紹介をするのならば、「その町は中世の教会が世界遺産に指定されています」のように「が」を使った方がよさそうですし、その町の名所である教会に特別の事件が起こったのならば、「その町は中世の教会を戦争で破壊された」と言った方がいいのではないかと思われます。

さて、ここで取り上げている温泉の場合であれば、まず温泉は無生物です。そして、温泉の湯の濃度が一定に保たれているというのは、その温泉にいつも備わっている特質であって、何か特別の作用を受けた結果の事態というわけではありません。だとすると、今まで見てきた建物や町という無生物の場合と同じように、「濃度を」ではなくて「濃度が」とした方が、持ち主の受け身について「を」と「が」を使い分けるための原則に合っているということになるわけです。

日本語ではこのように、生物か無生物かで、使われる表現に違いが出てくる場合があります。一番簡単で分かりやすいのは、「人がいる」と「本がある」のように、存在する物が生物か無生物かで「いる」と「ある」が使い分けられるという性質です。また、「部長が山田君を会議に行かせた」のような言い方は普通にしますが、「業務の重要性が部長を会議に行かせた」のような言い方は、英語の下手くそな翻訳のような例外を除いては、普通はしません。「〜させる」という使役の主体としては、意志をもった生物ならば問題はありませんが、意志のない無生物が選ばれることは通常はないということです。

世相を滅多切る

辞書に載っていない「名詞＋動詞」

「滅多切り」という表現はあります。無闇に切りつけることですが、これを行うことは、「滅多切りにする」という言い方で表します。「滅多切り」の「切り」は、「切る」という動詞の連用形ですから、「切り」を「切る」に置き換えた「滅多切る」という動詞があってもおかしくないような気がします。

ところが残念ながら、「滅多切る」という単語は辞書に載っていません。同じように、「衝動買い」「大人買い」という名詞はあっても、「衝動買う」「大人買う」という動詞はありません。そしてまた、「島流し」「そうめん流し」という名詞はあっても、「島流す」「そうめん流す」という動詞はありません。

これらの例からも分かるように、「名詞＋動詞の連用形」という構成の名詞はあるけれども、「名詞＋動詞」という構成の動詞は、日本語の正式な単語としては認められていません。

これは、どうしてなのでしょうか。「名詞＋動詞」という日本語の表現があったとすると、最初にある名詞は、主語とか目的語とか場所とか、とにかく何らかの働きをしていなければなりません。「そうめん流す」であれば、多分「そうめんを流す」という意味でしょうから、「そうめん」は目的語として働いているはずです。「島流す」であれば、「島に流す」ということで、「島」は場所（目的地）を表していると考えていいでしょう。

けれども、今の説明からも分かるように、名詞がどんな働きをしているのかは、日本語では「を」や「に」などの、「格助詞」と呼ばれる単語を使って表すのが原則なのです。ですから、「島流す」のような、格助詞のない言い方は、正式な表現としては認めにくいところがあります。

ただ、「滅多切る」であれば、「滅多」は、主語でも目的語でも場所でもなく、「めったやたらに」という様態を表すはずです。「衝動買う」があったとすれば、「衝動」は「衝動的に」という様態を表すことになるでしょう。

このように、「名詞＋動詞」という構成の単語が日本語にあったとしても、使われている名詞がどんな働きをするのかは、大体のところ正確に推測することができます。それは当然のことで、「滅多切り」や「衝動買い」という、正式なものと認められている表現にしても、「滅多」と「切り」、「衝動」と「買い」が結びついているだけなのですから、「滅多」や「衝動」がどんな働きをしているのかは、「切り」や「買い」という動詞の連用形との関係で、推測するしかないのです。

「滅多切り」から「滅多切る」へ

日本語には「名詞＋動詞の連用形」という構成の単語がたくさんあります。「雨降り」であれば、「雨が降ること」という意味で、「雨」は主語の働きをしていますし、「もの作り」であれば、「ものを作ること」という意味で、「もの」は目的語の働きをしています。

こういう例であれば、名詞の働きは分かりやすいのですが、いつでもそうだとは限りません。「鉄板焼き」であれば、「鉄板の上で肉などを焼くこと」ですから、「鉄板」は焼くための道具を表しています。先にあげた「大人買い」だと、「大人」は「大人のように」

という形で言い換えられて、これはものを買う様態を表しています。

「名詞＋動詞の連用形」という構成の単語で使われている名詞の働きが、格助詞のような特別の単語が使われていなくても、ある程度は正しく推測できるのであれば、「名詞＋動詞」という構成の動詞があったとしても、同じように意味は正しく理解できるはずです。だとすると、こういう構成の動詞が日本語で使われるのは、それほど不思議ではないのではないかという気もします。

こうした理由で、「滅多切り」をもとにして「滅多切る」という動詞が新しく作られたのではないかと思います。同じような例として、「値上げる」があります。これも、「値上げ」という言い方がもともとあって、これをもとにして新しい動詞を作ったものです。ただ、「名詞＋動詞の連用形」という構成の名詞がもともと使われていなければ、やはりこの形の動詞は作りにくいと思います。実際、「ワープロで書く」という意味で「ワープロ書く」などという表現を作ることは、まず考えられません。

水が沸騰すれば、材料を入れてください

「〜ば」と「〜たら」の違い

水が沸騰した後で材料を入れるようにという指示であれば、「水が沸騰したら、材料を入れてください」と言うのが普通です。「沸騰すれば」も「沸騰したら」も、同じように事柄が成立するための「条件」を表しますから、使い方も同じでいいような気がしますが、実はそうでもありません。

この例では、条件の後に、「材料を入れてください」という指示が行われています。条件の後にくる表現が、指示や命令、依頼のような、相手が何かをすることを要求するような場合には、条件を「〜ば」で表すことができないのが普通です。実際、「**雨が降れば傘**

をさしなさい」や「**客が来れば、お茶を出してください**」のような言い方をすることはできません。このような場合には、「雨が降ったら、傘をさしなさい」「客が来たら、お茶を出してください」のように、条件のところに「〜たら」を使わなければなりません。

命令や依頼というのは、相手に何かをさせるのですから、命令や依頼をするための条件があるとしたら、それは命令や依頼が要求する行為と、常識的に直結するものでなければなりません。何かを食べるようにという命令をするとして、その条件として、例えば「お腹がすく」や「お昼になる」のようなものであれば、食べるという行為と直結していることは誰にでも分かります。ところが、「風が吹く」や「テレビが壊れる」のような事柄だと、食べる行為と常識的には直結しませんから、この行為の実行を命令するための条件としては不適切だと考えることができます。

要求する行為と直結しているということは、別の言い方をすれば、条件が表す事柄が起きて、その結果その行為をするという事柄の全体が成立することが、常識から見て確実に予測できるということです。誰でもお腹がすいたら大抵は何かを食べますし、お昼になって食事をするのも普通のことです。つまり、空腹と食事、昼時と食事という事柄の全体が起こることは、確実に予測できます。一方で、風が吹いたとして、それでお腹がすいて何かを食べたくなるということは、普通はありませんし、テレビが壊れたからといって、何かを食べることも滅多にありません。ですから、風が吹いて食事をしたり、テレビが壊れて何かを食べるという事柄の全体が成立すると予測することは、かなり難しいのだと言うことができます。

なぜ「〜ば」が適当でないか

だとすると、命令の前に来る条件を表す表現として「ば」を使うのが適当とは言えないのは、「ば」の前で言われている事柄が起きて、それから命令によって要求される行為がなされるという事柄の全体が成立することを、確実に予測することが難しいからなのではないかと考えることができそうです。「雨が降れば大会は中止です」という言い方を見てみると、そもそも大会当日に雨が降るかどうかは分からないのですから、この表現全体が表す事柄が起きることを確実に予測することは、当然できない話です。

「雨が降ったら大会は中止です」も当然言えるわけですが、「XしたらY」は、Xが成立した後でYが成立するという事柄を表すだけです。ですから、XとYの間の時間的関係さえ不自然でなければ、「XしたらYしなさい」という表現には問題がないわけです。

料理の作り方を指導している場面で、水の沸騰後に材料を入れるように指示することは、誰もが確実に予測できる事柄です。だとすると、このような事柄について、条件の部分に「ば」を用いることは、「ば」の使い方の原則に違反していることになります。雨が降って傘をさしたり、客が来てお茶を出したりするという行為も、誰もが普通にやっていることですから、これらの事柄全体の成立を予測することは簡単なことです。ですから、こういう場合にも、確実には予測できないことを表す効果をもつ「ば」を使うことは、適切な用法に従っているとは言えないわけです。

実は、「〜ば＋命令」という言い方がいつでも間違いだというわけでもありません。例えば、「**大学に合格したければ毎日勉強しなさい**」や「早死にしたくなければ禁煙しなさい」のような表現は、問題なく正しいものです。こういう例では、条件の部分で、「相手が何かをしたいという欲求をもっている」という内容が表されています。ところが、相手が何らかの欲求をもっているのかどうかは、特別の場合でなければ確実には分かりません。だとすると、「条件＋要求される行為」という事柄の全体も、確実に起こるかどうかは予測できないことになります。このことから、後ろに命令を表す表現が来ている場合でも、「ば」を使う条件表現が可能になっているのだろうと説明できるわけです。

首相が国会で吊るし上がった

「吊るし上げる」からの類推

現代の日本語には、「吊るし上げる」という単語（他動詞）はあっても、「吊るし上がる」という単語（自動詞）は、どうもないようです。辞典を調べてみると、明治時代までは、「吊るし上がる」という単語は使われていて、「吊るし上がった眉」のような言い方をしている例があがっています。ただ、現在では、「吊るし上がった」ではなく「吊り（釣り）上がった眉」という言い方が普通ですから、やはり「吊るし上がる」という単語は、辞書に登録される正式な語彙の中には含まれなくなっていると考えた方がよさそうです。

ただ、「上げる」という他動詞に対して「上がる」という自動詞があって、普通に使われているのであれば、「吊るし上げる」という他動詞に対する自動詞として「吊るし上がる」があるのは当然で、それが今使われなくなっているのは不思議だという気もしないではありません。

恐らくは、そういうことが無意識に働いて、「吊るし上げる」からの類推で「吊るし上がる」という自動詞が復活したということなのでしょう。「釣る」に対して「釣れる」、「取る」に対して「取れる」というように、誰かがある動作をするという意味を表す自動詞と、誰かがその動作を受けるという意味を表す他動詞の組が、日本語には結構な数あります。

「釣れる」や「取れる」は、受け身に近い意味を表しています。「魚が釣れた」と言えば、魚が人間によって釣られたことを表しますし、「刺さったとげがやっと取れた」と言えば、とげが何らかの道具を使って取られたことを意味します。

だとすると、「釣れる」や「取れる」という単語をわざわざ作って使う必要はなくて、「釣られる」や「取られる」という普通の受け身の形を使っておけばいいはずです。しかし実際には、「釣れる」「取れる」と「釣られる」「取られる」とは、使い方が同じではありません。例えば、「昨日はコイがたくさん釣れたよ」とは言いますが、「昨日はコイがたくさん釣られたよ」とはあまり言いません。「コイが釣れたよ」と言っているのであれば、釣ったのは話し手に決まっているわけで、「コイが私によって釣られたよ」などと言うことはまずありえません。それからまた、「この池ではコイが釣れる」とは言いますが、「この池ではコイが釣られる」とはあまり言いません。ある池でコイを釣る人はたくさんいて、実際に誰が釣るのかは分からないのが普通です。ということは、「釣れる」については、受け身と言っても、動作を行ったのが誰なのかを表せないか、表す必要がない時に使われるのが原則だということになりそうです。

「タンスの取っ手が自然に取れた」の場合、誰かがわざと取っ手を取ったというわけではありません。つまり、動作を行った人間を表すことは不可能なのです。ですからここで普通の受け身形を使うことはできなくて、実際「タンスの取っ手が自然に取られた」という言い方をすると間違いになります。

動作を行った人間を表せない時

このように、「釣れる」「取れる」のような動詞は、釣ったり取ったりする動作を行った人間をはっきりと表さない時に使われるのだと考えることができます。気温が低下した時には、「気温が下がったね」と言います。気温は自然に低下するものであって、誰かが意図的に下げるものではないからです。もし「気温が下げられた」と言ったとしたら、大規模な機械か何かを使って、何らかの目的のためにわざわざ気温を低下させるようにしたという、現実にはあまり起こらないような状況を想像させます。

ですから、「吊るし上がる」という形の動詞を使ったとしたら、現代では「批判する」という意味を表すのですから、自然に批判を受けるということがありえない以上、誰かが吊るし上げるのでなければなりません。しかも、「国会で」と場所まで特定されているのであれば、誰が吊し上げたのかも分かっているはずです。つまりこの場合には、動作を行った人間を表す必要がないということも、普通はありません。

となると、この例で「吊るし上がる」を使うのはおかしいということになります。ただし、国会議員の誰と誰が首相を批判し攻撃したのかは、正確には分かりません。そういう理由で、動作を行った人間がきちんとは表せないことになり、そこから「吊るし上がる」という形が作られたのだろうと推測することはできます。

集中力を欠かさない

「集中を欠かさない」なら問題ない

よく使われる表現なのですが、考えてみると少しおかしなところがあります。「欠かす」というのは、定期的に繰り返している行為を、ある時にしないという意味を表します。ですから、「毎日の歯磨きを欠かした」と言えば、毎日行っている歯磨きを、ある時しなかったという意味ですし、「毎朝のジョギングは欠かさない」と言えば、ジョギングは毎朝必ずするという事柄を表します。

そうすると、「集中力を欠かさない」と言えば、いつでも「集中力」と呼ばれる動作を行うという意味を表すことになるはずです。けれども、「集中力」というのは、「集中する能力」のことですから、何らかの動作ではありません。能力は人間の性質なのですから、時によってあったりなかったりするというものではありません。人間にある能力が備わっているのなら、その能力はあらゆる時点で存在しているはずです。

例えば、ある人が英語を話す能力をもっているとすると、たとえ英語を実際に話していなくても、英語能力はいつでもあります。実際、「英語能力を欠かさない」という言い方はできません。「適切な判断力を欠かさない」という言い方ができないのも同じです。物事を適切に判断する能力は、それを持つ人にはいつでも備わっているものだからです。

ですから、「集中力」ではなくて、単に「集中」とすれば、物事に集中する行為を表しますから、それをしない時があっても構いません。「集中を欠かさない」であれば、意味的に問題はありませんが、何に集中するのか分からないと、少し足りない感じがします。集中する対象を補って、「勉強への集中を欠かさない」とか「運転への集中を欠かさない」とすれば、問題のない表現になります。

三字の漢語にして使う傾向

「集中」と「集中力」は、今述べたように意味が違うのに、どうしてわざわざ「集中力」

と言ってしまうのでしょうか。どうも、「集中」のような漢字二字から作られている抽象名詞に、ある程度広い意味を表す余計な漢字を一字付け加えて、三字の漢語にして使う傾向が、最近出てきているようです。

例えば、「この骨董品には価値がある」と言えばいいところを、「**〜価値観がある**」という人がいます。「価値観」というのは、物事の価値についての一般的な考え方のことですから、骨董品の価値とは全く違います。「歴史」と「歴史観」、「恋愛」と「恋愛観」など、「観」が付くと付かないでは、だいぶ意味が違いますから、物の値打ちのことを「価値観」と呼ぶのは、やはり正しいとは言えないでしょう。

「次の選挙で現職知事が勝てるかどうかは未知数だ」のように、「まだ分からない」という意味で「未知数」を使う例は、最近では普通に見られます。ただ、同じ意味なら「未知だ」と言えばいいのであって、わざわざ「数」を付ける必要はありません。「未知数」は、値がまだ分かっていない「数」なのですから、分からない「事柄」とは違います。

もちろん、「数」という単語が比喩的に事柄を表しているのだと無理に考えることはできます。けれども、「数」が事柄を比喩的に表すような使い方をされることは、現代の日本語ではまずありません。「できるだけ分かる数を増やしたい」と言われても、「数」はあくまでも数値または数量のことであって、事柄を表しているものと理解することはできません。さらには、まだ分からない事柄のことを「未知の事柄」と言うことはできても、「未知数の事柄」と言うこともできません。ということは、「未知」の代わりに「未知数」を使うことは、やはり適当とは言えないのだと考えなければならないということです。

それから、「**結果論**として、犯人が逮捕されて安心した」のように、「結果」の代わりに「結果論」を使う例も見られます。「結果」は、まさにある事柄の結果として起こる別の事柄のことです。一方、「結果論」というのは、原因を考慮せずに、結果だけで物事を議論することです。ですから、「結果」と「結果論」では、意味が大きく違います。犯人逮捕で安心していると言うだけなら、それは結果だけを問題にしているのであって、結果をもとにして何かを議論しているということでは全くありません。ですからここで、「結果論」を使うのは間違いなのですが、「論」を付けると、何となく物事を論理的に思考しているという意味合いが出てくるような気がして、つい付けてしまうのでしょう。

普段はお目にかかれない光景

「お目にかかる」で丁寧さを上げる

「お目にかかる」は「会う」の謙譲語ですから、目上の人に対して「お目にかかれて光栄です」とか「また来週お目にかかります」などと言う時に使うのが原則です。つまり、会う相手は自分よりも目上の人間でなければなりません。ところがこの例では、会う相手が人間ですらない「光景」なのですから、謙譲語を使う条件に合っていません。ですから、敬語を使わないで、「普段は見ることのできない光景」とか「普段は目にすることのできない光景」などにしておけば十分です。

どうして敬語を使う必要のないこんな条件で謙譲語を使ったのかは、ある程度推測できます。一つには、物に対して謙譲語を使うことで、その物が貴重だという意味合いを出すということがあるでしょう。自分を物より下位に置くことは、その物に対する大きな配慮を表し、そこから物を大切に思っている気持ちを間接的に伝えられます。そしてもう一つには、謙譲語を使うことで、少しでも丁寧さを上げたかったということもあると思います。「見ることのできない光景」だけだと丁寧語が使われていませんが、「見ることのできない光景です」とすれば、最後にある「です」によって丁寧さを表すことはできます。

ただ、もし「です」だけでは十分に丁寧だとは言えないと思う人がいたとしても、今問題にしている表現の中に、丁寧語を付け加えることはできません。例えば、「見ることのできません光景です」のような言い方をしたいと思っても、日本語の文法では、この方法は許されていません。「見ることのできない光景」の中の「見ることのできない」は、後ろにある「光景」の性質を表す表現で、形容詞と同じ働きをしていますが、一つの単語ではなく文に近い形をしています。このような表現を「形容詞節」または「関係節」と呼ぶのですが、形容詞節の中で「です」「ます」という丁寧表現は使えないのが原則です。

実際、「その画家が描きました絵」や「とても静かです部屋」のような言い方をすることはできません。「その画家が描いた絵を見ました」「ここはとても静かな部屋ですね」のように、文の中に「ます」や「です」が一回使われていれば、それで丁寧な表現だということが分かりますから、形容詞節中で同じ表現を繰り返す必要がないというのは分かります。ただ、形容詞節中で「です」「ます」を使ったからと言って、理解がしにくくなるというわけでもありませんから、どうしてこのような制限があるのかについては、完全に納得のいく説明はできないのではないかと思います。

丁寧語として働く謙譲語

いずれにしても、形容詞節中で「です」「ます」を使って丁寧さを表すことができないのだとすると、他の方法として考えられるのが、敬語動詞を使うということです。自分が問題の光景を見るのですから、もし敬語を選択するとすれば、謙譲語になります。「見る」の謙譲語は「拝見する」か「お目にかかる」ですから、「拝見できない光景」か「お目にかかれない光景」という言い方が作られることになるわけです。

もちろん、最初に述べたように、こんなところに謙譲語を使うのは、敬語を使うための決まりには違反しています。けれども、謙譲語に敬意が含まれていることは確かなのですから、他に丁寧さを出す方法がなければ、謙譲語が選ばれるのも仕方がないところがあります。それに、謙譲語が本来の働きからはずれて、丁寧語として働くようになっている例は実際にあります。「申す」がそうです。本来は謙譲語ですが、「**諺にも申す通り**」のような言い方では、丁寧語として使われています。

「**今日はお出かけしましょう**」のような例でも、謙譲語が丁寧語として使われています。「お～する」というのは、「部長にお話しする」「先生にお電話する」のように、謙譲語を作るための表現です。この表現を「出かける」にも当てはめて、「お出かけする」と言ったとしても、相手とは無関係に自分が出かけるだけなのですから、謙譲語の働きをすることはできません。単に「出かける」を丁寧に言い表すために使われているだけです。

このように、現代の日本語では、謙譲語が「自分を低める」という本来の働きを弱めて、単に丁寧さを表すためだけに使われる傾向が出てきているようです。「販売店に伺えば説明してくれます」では、「伺う」という謙譲語が、「尋ねる」という意味の丁寧語として使われていますし、「今日のテストではいい点がいただけなかったわ」でも、「いただく」という謙譲語が、「もらう」を丁寧に言い表すために使われています。

理論的に矛盾している

「理論」と「論理」は意味が違う

「理論」と「論理」は、同じ二つの漢字が、順序を変えて作られた漢語です。「関連」と「連関」、「奇怪」と「怪奇」のように、順番が違っていても、同じ漢字を使って作られた二つの漢語の意味がほぼ同じだという例がありますから、「理論」と「論理」についても、意味は変わらないものと思っている人がかなりいるようです。

しかし、この二つの漢語については、表す意味がかなり違っています。実際、英語だと、「理論」はtheory（セオリー）で、「論理」はlogic（ロジック）であって、少なくとも語形は全く違います。

「理論」とは、自然や人間に関わる現象を支配する規則を合理的に説明する枠組みのことです。物体の運動を「慣性の法則」「加速度の向きと力に関する法則」「作用・反作用の法則」という三つの法則に基づいて説明するのが、「ニュートン理論」です。物体の運動を、観察者の運動という観点と、光速度一定の原理をもとに説明するのが、「相対性理論」です。文の構造を、言語が普遍的にもつとされる一定数の原理を仮定することで説明しようとするのが、「生成文法理論」です。経済現象を、有効需要と流動性選好という原理をもとに説明しようとするのが、「ケインズ理論」です。

理論を構成する原理や法則は、できるだけ厳密な形で定式化されなければなりませんから、多くの場合、数学を用いて表されます。もちろん、どうしても数学を使わなければならないというわけではありませんが、説明のために用いている理論が本当に正しいのかどうかを確かめたい場合には、その説明が数学を使って行われていると便利なのです。

一方、「**論理**」とは、人間の思考を合理的に、矛盾なく進めていくための仕組みのことです。ある一般的な事実を前提とし、個別的に観察される事実にその前提を当てはめるならば、何らかの結論が出てくる、というような形で結論を導くのが、分かりやすい論理の形です。「すべての人間は誤りを犯す。私は人間である。だから私は誤りを犯す」という形で、自分の誤りを正当化したとすると、それは道徳的には問題はあるでしょうが、結論の出し方は論理的です。

思考の論理的な道筋を学問的に分析しようとするのが、「論理学」です。論理学では、本当（真）なのか嘘（偽）なのかがはっきり分かっている表現を「命題」と呼び、分析の分析の対象にするのは、基本的には命題だけです。ある命題Pと別の命題Qについて、「PならばばQ」という形で表される、もっと複雑な命題があるとします。この時、「「PならばQではない」」という命題の方が真だということが正しくなるための条件がどんなものなのか、ちょっと考えただけでは分かりません。けれども、論理学を勉強すれば、その条件が、「Pが真で、同時にQが偽」だということが、公式を用いた簡単な計算をすれば分かるのです。

「理論」と「論理」を混同する理由

人を説得するためには、きちんと論理に従った説明をしなければなりません。「二酸化炭素の空気中濃度が高まれば、地球は温暖化する」という学説があります。この学説が正しいとして、地球が温暖化しているという、正しい現実があります。この学説と事実をもとにして、「二酸化炭素の空気中濃度が高まっている」という結論を出すのは、論理的ではありません。この学説から導かれる論理的な結論は、二酸化炭素の空気中濃度が高まっているか、高まっていないかのどちらかである、というものでしかないからです。

実際、地球が温暖化する原因として、空気中の二酸化炭素濃度の上昇だけがありうるというわけではありません。地軸の変化や、地球と太陽との位置関係など、他の要因もあるはずです。ですから、この学説だけを頼りにする限り、二酸化炭素濃度が高いかどうかは、観測して確かめる以外にはないのです。

さて、「理論的に矛盾している」という言い方ですが、矛盾というのは、論理に従って思考の流れを検討してみた結果、どこかの段階で、同じ命題が真でも偽でもありうることが分かることを言います。論理を用いるのですから、「理論的」ではなく「論理的」にしなければなりません。ただし、何らかの理論を当てはめて現象を説明しようとする場合、理論が含んでいる原理や法則を用いる過程では、論理が当てはめられるのが当然です。ですから、理論と論理が全く違うものではないわけで、ここで混同が生じるのでしょう。

逆に言えば

逆の関係になっていないことが多い

「この番組は面白い。逆に言えば、スタッフが優秀でないと面白い番組は作れないということだ」「彼の意見は一つの提案なのだが、逆に言えば問題の解決策にもなっている」のように、「逆に言えば」という言い方が、最近会話や文章でよく使われるようになってきました。ただ気になるのは、「逆に言えば」によって結びつけられた二つの事柄が、本当に逆の関係にはなっていないことが多いということです。

「逆」というのは、本来は論理学の用語です。ある事柄をP、別の事柄をQで表して、「PならばQ」という形で表す事柄が正しい（真）とします。この時、PとQの順番を入れ替えて「QならばP」としたのが、「PならばQ」の「逆」だと言われます。

「逆は必ずしも真ならず」という諺にも言う通り、「PならばQ」が正しいからと言って、「QならばP」も正しいとは限りません。例えば、「踏切事故が起きれば、（その後で）電車が止まる」という事柄が正しいとしても、「電車が止まれば、（その前に）踏切事故が起きている」という事柄がいつも正しいわけではありません。電車が止まる原因としては、踏切事故以外にも、停電や大雪、台風など、いろいろな原因がありうるからです。

ですから、「逆に言えば」という、接続詞的な表現は、「PならばQだ。逆に言えばQならばPだ」という形の言い方で使うのが、「逆」が表す本来の意味に最も忠実だと言えます。そうは言っても、「PならばQだ」の、論理的な意味での逆は「QならばPだ」に決まっているのですから、こんな文を作ったとしても、当たり前のことを伝えているだけで、誰かにわざわざ伝える情報としての価値は全然ありません。

ただし、「大学を卒業すれば、学士の学位を得られる。逆に言えば、学士の学位を得るためには、大学を卒業しなければならないということだ」や「この方程式を解くと、xの値は実数ではなく虚数になる。逆に言えば、xが実数ではなく虚数であれば、この方程式には解があるということだ」のように、「PならばQ」の逆「QならばP」も正しいということを言えば、ＰとＱが、実質的には同じ内容だということが分かります。ＰとＱが同じだということが、直観的に明らかではないような場合なら、逆もまた真だということを伝えることに、情報的な価値を認めることができます。

「逆に言えば」を、本来の論理的な意味で使おうとすると、問題がなさそうなのは今あげたような例だけです。最初にあげた例の「この番組は面白い」という部分の、本来の意味での逆は「面白いものがあるとすれば、それはこの番組だ」ということになります。次の例の「彼の意見は一つの提案だ」の逆は、「ある一つの提案があるとすれば、それは彼の意見だ」になります。もちろん、どちらの場合も逆は正しくありませんし、それぞれの部分に対する逆だと主張されている内容は、論理的には全然逆になっていません。

「異なった観点に立てば」の意味

論理的な意味で「逆に言えば」を正しく使おうとすると、かなり堅苦しい論説調の文章だけに限られてしまいそうです。ところが、「逆」は「反対」と似たような意味を表す、日常的にもよく使われる単語です。「**車は逆の方向に向かった**」「彼はいつも常識とは逆の行動をとる」のような言い方は、誰もが普通に使うものです。

日常的によく使われる単語は、表す意味がだんだんと広がっていくものです。「やさしい」という日常語も、人間が主語であるのが原則なのに、最近では「**この車は環境にやさしい**」のように、物が主語として使われるようになっています。「逆」にしても、いつでも厳密で論理的な意味で使われるはずもありません。このことから、「逆に言えば」が、「異なった観点に立てば」のような意味で使われるようになったのだろうと想像できます。ただそれでも、「この番組は面白い。逆に言えば、面白くするための工夫がこの番組ではきちんとなされている」や「彼の意見は一つの提案だ。逆に言えば、会社に対して提案をするために、彼はこの意見をあえて述べたのだろう」のような、前半と後半が、何らかの意味で対立していなければ、たとえ日常的な意味でも「逆」が通常表す意味からは外れてしまいます。最初に取り上げた二つの例では、後半部分が前半部分に対して単に補足的な情報を表しているだけで、お互いが対立する内容だとはとても言えません。こういう「逆」の使い方は、やはりこの単語の意味を正しく反映しているとは言えないでしょう。

真犯人の存在に疑問符が付く

疑問符を使わない伝統

「疑問符」は「?」のことで、英語を始めとするヨーロッパ諸語などで、疑問文の最後に付けられて、今までの文が疑問文だということを読み手に伝えるための記号です。英語だと、「これは本ですか」のような「はい」か「いいえ」で答えることを要求される文ならば、主語と動詞または助動詞がひっくり返る（倒置される）という語順になりますし、「あなたは何をしましたか」「太郎はどこにいますか」のような、「何」（what）「どこ」（where）といった「疑問詞」を使う文であれば、その疑問詞が文の最初に置かれますから、疑問符などなくても、読んだだけで疑問文だということが分かります。

ですから、英語のように疑問文がはっきりと他の種類の文（基本的には、ある事柄が事実だということを表す「平叙文」）とは区別される言語では、疑問符を使うことは特に必要ではありません。けれども、ロシア語やルーマニア語のような言語では、疑問詞を使う文についてはは英語と同じですが、「はい」か「いいえ」で答えなければならない疑問文は、語順としては平叙文と同じで、イントネーションの違いで区別されます。イントネーションは発音の上での区別ですから、書き言葉では表すことができません。だとすると、疑問符を使うことが、疑問文と平叙文を、視覚的に区別する唯一の手段となるわけです。

日本語は、「あなたは学生ですか」「これは何ですか」のような例を見ても分かるように、「はい」「いいえ」で答えなければならない疑問文であれ、「何」のような疑問詞を使った疑問文であれ、文の最後に「か」が置かれるのが原則ですから、英語と同じように、わざわざ疑問符を使って、使われている文が疑問文だということを視覚的に明示する必要はありません。

だからこそ、日本語で書かれた文章では、疑問符を使って疑問文を視覚的に区別するようなことをしないのが、長い間の伝統だったわけです。ただ、現代の口語では、「君学生」「これ大丈夫」のような、「か」を用いない形の疑問文もよく使われます。もちろん、文の最後は上昇調のイントネーションで発音されているはずなのですが、表記の上でこれを表す方法はありませんから、疑問符を使って「君、学生?」「これ、大丈夫?」のように表記する以外には、疑問文だということを表す方法はありません。

とは言え、「か」を使わなくても、「君、学生なの」や「これ大丈夫かい」のように、別の方法で疑問文だということを表す手段はあるのですから、何とか工夫すれば、疑問符を使わないでも、読み手に疑問文だということを間違いなく伝えることはできます。

というわけで、「疑問符が付く」という形で、それに先行する部分が疑問文だということを表現しようとするのは、日本語を表記するための伝統に逆らう態度ではないかと思われてならないのです。しかも、「真犯人の存在に疑問符が付く」というこの例だと、疑問符を付けるのは「真犯人の存在」という表現です。疑問符というのは、あくまでも「文」につくものであるはずなのですが、この表現は、結局は「存在」という単語なのであって、決して文ではありません。文でないのなら、疑問符を付ける資格をもった表現とも言えないわけです。この表現が表したいのは、「真犯人がいるかどうか分からない」という内容なのですから、そのままこう言っても構わないし、「真犯人の存在は疑問だ」とでも言っておけばいいわけです。そこにどうして、「疑問符」などという、文法の専門用語をわざわざ使わなければならないのか、どうも理解ができません。

不必要な外国語の文法用語

外国語の文法用語を不必要に使っている例としては、他に「現在進行形」があります。現在進行形は英文法の用語で、日本語の文法にはありません。表す意味としては、「走っている」「読んでいる」のような「動詞＋ている」と大体同じなのですが、日本語の文法では、こういう形を「現在進行形」とは呼んでいません。だとすると、「**子育てが現在進行形だ**」「現在進行形の課題」のような言い方は、日本語を使う以上ありえないはずのものです。「現在進行形」を比喩的に使っているのだと言われればそれまでですが、「現在子育て中だ」とか「現在取り組んでいる課題」のような、何の問題もない言い方をすることができるのですから、わざわざ外国語の文法用語を使うこともないのではないかと思います。他にも「最上級の製品」とか「親の教育への無関心さの代名詞」のように、不必要な文法用語が使われている例もありますが、通常の言い方でどこが悪いのでしょうか。

ブームを復活する

「復活する」は自動詞

「復活する」は、「人気が復活する」や「キリストは復活した」のように、一度消滅していたものが生き返ったり、活力を取り戻したりすることを意味する動詞です。ですから、主語になるのは、実際に復活する物でなければなりません。主語である物が、自分だけで何かを行うことを意味する動詞は「自動詞」と呼ばれます。

これに対して、「破壊する」「創造する」のように、主語である物が、別の物に対して何らかの作用を及ぼすことを表す動詞が「他動詞」です。英語だと、walkが「歩く」という意味の自動詞、「散歩をさせる」という意味の他動詞の両方で使われるように、一つの動詞が自動詞にも他動詞にもなるという例は普通にあります。

一方日本語の場合、「走る」「歩く」「泳ぐ」などはいつも自動詞ですし、「取る」「外す」「作る」などはいつも他動詞です。つまり、日本語の動詞については、自動詞と他動詞の区別がはっきりしているということです。実際、他動詞の「取る」「外す」に対して自動詞の「取れる」、「外れる」があるように、語形の上でも自動詞と他動詞が明確に区別されている例は珍しくありません。

この例の「復活する」は「生き返る」という意味を表しますから、自動詞として使われるのが原則です。ですから、「ブームを復活する」のように、「を」を伴う他動詞として使うのは、この原則に違反する用法です。ですから「ブームが復活する」のように、「ブーム」を主語として使うか、「ブームを復活させる」のように「させる」を付けて、「を〜させる」という使役の形として使うのでなければ、正しい言い方にはなりません。

「復活する」のように、漢語の名詞に「する」を付けて作られた動詞は、「走る」や「取る」のように昔から日本語で使われ続けている和語の動詞とは違って、使用頻度がそれほど高くないので、自動詞と他動詞を取り違える例がよく見られます。

「**完成する**」は「できあがる」という意味の自動詞で、「作品が完成する」「事業が完成する」のように言います。これを「作品を完成する」「事業を完成する」のように他動詞として使うのは、正しいとは言えません。「**輩出する**」も「すぐれた人材が次々と世に出る」という意味の自動詞です。「この地域からはたくさんの政治家が輩出している」のような言い方が、自動詞としての正用法です。ところが、「この地域はたくさんの政治家を輩出している」のように、他動詞として使っている例は、新聞や雑誌などの文章でもかなり見られます。

ついでながら、「輩出する」には、もう一つ使用の制限があって、主語になるのは、ある程度たくさんの数の人間でなければなりません。ですから、「たくさんの政治家が輩出する」ならば問題ありませんが、「その偉大な政治家が輩出した」のように、主語が一人の人間の場合には、正しい使い方だとは言えません。

漢語動詞は自動詞、他動詞を間違えやすい

さて、「輩出」は「排出」と音が同じで、「出」という漢字も共通ですから、意味的にも似たところがあります。「排出」は「外に出す」という意味で、「輩出」よりは高い頻度で使われます。そして、「排出する」はまさに他動詞なので、「輩出する」を同じ他動詞とし

て使いたくなるし、実際に使ってしまうのは、よく分かります。

伝統的な和語の動詞は、先に述べたように、自動詞と他動詞の区別がはっきりしているのですが、漢語の動詞については、自動詞と他動詞の両方で使うことができるものが、実は結構な数あります。例えば、「開始する」は、「始まる」という意味の自動詞、「始める」という意味の他動詞の両方で使えます。ですから、「式典が開始する」「式典を開始する」のどちらでも構いません。「終了する」「移動する」「実現する」「解散する」などの漢語動詞についても同じで、自動詞と他動詞のどちらの使い方もできます。「車で移動する」「場所を移動する」のどちらも正しい使い方ですし、「夢が実現する」「計画を実現する」についても、どちらも辞書に登録されている正しい用法に従っています。

漢語動詞の場合、自動詞でも他動詞でも「〜する」という同じ形をしていますし、もとの漢語名詞の意味からだけでは、どちらなのか予測がつかないのが普通です。ですから、用法を取り違えたとしても、言葉としての理解が足りないということではないと思います。

時間差

「時間差」が不適切な場合

バレーボールの攻撃に「時間差攻撃」というものがあります。一人の選手がスパイクを打つと見せて相手側の選手をブロックさせるために引き付けておき、その直後に別の選手が本当にスパイクを打つという攻撃です。最初の選手がスパイクを打つと見せかける時点と、別の選手が本当にスパイクを打つ時点との間に、時間的な差があるということから、「時間差攻撃」という言い方が考え出されたということなのでしょう。

この「時間差攻撃」というスポーツの用語をもとにして、「時間差」という単語が独立して使われるようになっています。「梅の開花と桜の開花の間には時間差がある」や「映像と音声の間に時間差が生じる」のような言い方がそれです。「時間差」は、国語辞典の項目として登録されている単語ではありませんが、「時間差」が「時間の差」だということは誰にでもすぐ分かりますから、この単語を使うこと自体には問題はないと思います。

ただ、「桜は梅よりも遅れて開花する」や「音声が映像に遅れて届く」という言い方の方が短くてすみますし、「時間差がある」というだけでは、梅の開花と桜の開花、映像の到達と音声の到達のどちらが早いのかが分かりません。確かに、「時間差」という漢語を使った方が、何となく正式な感じはするのですが、それ以外にこの単語をわざわざ使う価値があるようにも思えません。

それ以外にも、最近では「友人たちが次々と時間差でやって来た」や「干ばつの影響が時間差で出てきた」のような言い方も目立つようになってきました。最初の例では、「次々と」とあることから、友人たちが同時にやって来たのではないことが分かります。だとすると、やって来た時間に差があるのは当然で、わざわざ「時間差で」などと言う必要はありません。次の例でも「影響が出る」のは、何らかの事態が原因として生じた後に決まっていますから、干ばつが起きた時点と、その影響が出る時点との間に、時間的な差があるのは、やはり当然のことです。

このように、「時間差」を使わなくても、表されている複数の事柄が起きる時間に差があるということが容易に分かる場合には、「時間差」は余計な表現になります。つまり、同じ意味の繰り返しである「同語反復」になるのですから、誤解を与えることはなくても、表現として適切なものだとは言えません。

ただし、他の語句で、時間的な差があることがはっきりと表されない場合には、「時間差」を使うことには意味があります。「ボールを二個時間差でころがす」と言えば、一個目のボールをころがす時点と二個目のボールをころがす時点が違うということを、短く言い表すことができます。もちろん、「時間をおいて」と言うこともできますが、「時間差」という表現が定着した現在では、誤解される可能性はありませんし、何より簡潔です。

「時系列」の誤った使い方

「時間差」と同様に、専門分野で使われていた用語が一般にも普及している例が、「**時系列**」です。この用語は、経済学の「時系列分析」に由来しています。この場合の「時系列」とは、一定の時間的な間隔で測定された数値を並べたものです。例えば、平均株価を一時間毎に並べたグラフのようなものが、時系列だと考えていいでしょう。この時系列をもとに、今後の株価がどうなるかを予測したりするのが「時系列分析」です。

要するに、時系列とは、数値を時間的な順番で並べたものなのですが、ここから、いくつかの出来事を、それが起きた時間的な順序に従って並べた表を時系列と呼ぶようになっています。だとすると、歴史年表も歴史的事実に関わる時系列と呼ぶことができそうなのですが、今のところそうはなっていないようです。

「時系列」という用語の使い方で問題なのは、「この事件に関して、これまで起こった主な出来事を時系列で並べたのがこの表です」のような言い方です。「時系列」は、それ自体で、時間的な順序で並べられた表なのですから、「時系列で並べる」という言い方は、「時間的な順番で出来事を並べた表で並べる」と言っているのと同じです。「並べる」が繰り返されているのは同語反復ですし、何より「表で並べる」という表現の意味を、適切に理解することは不可能です。「時間的順番で」とか「起こった順に」と言えばいいだけなのですから、「並べる」の前に「時系列で」という表現を使うことには問題があります。

刑事罰に触れる

「法に触れる」

政治家が、政治資金規正法に違反するような形で政治献金を受けていたのではないかという疑惑に対し、「すべて法に則って処理しており、何ら刑事罰に触れるようなことはいたしておりません」と答えているのを、テレビのニュースで聞くことが何度もあります。

「刑事罰」は「罰」の一種ですが、「罰に触れる」という言い方をすることはありません。「法に触れる」という言い方ならありますが、ここで「触れる」というのは、法律が悪いと規定していることに引っかかる、つまり違反するという意味を表しています。

ところが「罰」というのは、悪いことをした人間に、その報いとしてやらせる辛い行為のことを言います。具体的には、トイレ掃除をしたりする簡単な行為から、刑務所に何年も閉じ込められる辛い行為まで、さまざまの罰があります。いずれにしろ、罰は法律とは違いますから、罰に違反するということはありえません。ですから、「罰に触れる」という言い方は、文字通りの意味で理解しようとしても、どんな意味になるのか分からないことになるはずなのです。

それでは、どうして「刑事罰に触れる」という言い方をする人が多いのでしょうか。それは、「法に触れる」というよく知られた決まり文句があって、法に触れれば、その規定に従って罰を受けることになるのが普通だからだと思います。「法に触れた結果罰を受ける」という事実が頭の中にあって、自分は「罰」の対象とはならないのだということを強調したい時、最初にある「法」と「罰」が混同されて、「罰に触れる」という言い方をついしてしまうのでしょう。

ただ、「罰に触れる」であれ「罪に触れる」であれ、そういう言い方は正式に認められたものではないし、「触れる」が「違反する」という意味を表す限りは、この言い方が理解可能な意味を表すということもありえません。ですからやはり、政治家のような公の立場にある人間が「刑事罰に触れる」という言い方をするのは避けるべきだろうと思います。

このように、正しい表現からの連想で、その表現の一部を別の語句に置き換えた結果、適切な意味を表さなくなってしまった言い方の例は、探してみるといろいろあります。こういった表現では、そこで使われている語句の間で守られるべき、意味的な関係についての決まりが破られているということが観察されます。

「水質が汚染される」という言い方があります。「水質」は「水の性質」ですから、いいか悪いかのどちらかなのが普通です。それ以外だと、「水質がきれいだ」「水質が汚れている」という言い方なども適切とは言えません。同じ理由で、「水質が汚染される」という言い方もできないのです。汚染されるのは水そのものなのですから、「水が汚染される」と言えばいいだけです。

「波紋を投げかける」とは？

「波紋を投げかける」という言い方も時々耳にします。けれども、「波紋」は、水面に物を投げ入れたりした結果生じる波の模様なのですから、波紋を投げることはどうやってもできません。物を投げ入れた結果波紋ができるという知識と、「疑問を投げかける」という決まり文句の知識が合わさって、「波紋を投げかける」という、どうにも意味をなさない表現が作られたのでしょう。ある人間か団体に対して疑問を投げかけた結果、それが社会の広い範囲に波紋を広げたという内容なのは、よく考えてみれば分からないではありませんが、やはりそのままでは、正しい理解を妨げる可能性があることは否定できません。

「錚々たる山々」という表現を見かけたことがあります。「錚々たる」は、「特にすぐれている」という意味を表しますが、この表現に続くことができるのは、人間を表す単語だけです。「山々」は人間ではないので「錚々たる」を前に置くことはできません。そもそも、「特にすぐれた山々」がどんな山なのか、それほど簡単に推測できそうにもありません。山ならば、「峨々たる」とか「屹立する」などの表現を使って形容したいものです。

「見ず知らずのフルーツ」という言い方もありました。「見ず知らずの」は、「会ったことがない」という意味なのですから、後に続くのは人間でなければなりません。「フルーツ」のような純然たる物についてこの表現を用いると、物に対して異常な愛着を感じているかのように思われてしまいます。果物ならば、「食べたことのない」「初めて見る」のような表現を使って、その性質を表すべきでしょう。

Ⅲ　なにげなく使われている日本語点検

司会を務めさせていただきます

「司会を務めます」が正しい？

パーティーや会合で司会する人間が、冒頭の挨拶で「司会を務めさせていただきます」と言ったり、「それでは会を始めさせていただきます」のように言ったりするのを聞くことが、非常に一般的になりました。この「させていただきます」という言い方が、あまりにも普及したため、「司会を務めます」や「会を始めます」という本来の言い方を耳にする方がまれになったくらいです。

「させていただきます」の丁寧ではない形は「させてもらう」です。この言い方は、「友だちの車を運転させてもらう」や「親に頼んで留学させてもらう」のように、誰か他の人にお願いして許可をもらった後で、自分が何かをするという意味を表すのが本来の使い方です。「させてもらう」の「させる」は「使役」を表す表現であり、「もらう」は、他人からの恩恵を受けるという意味の表現です。つまり、「させてもらう」は、全体としては、「他人が自分に何かをさせることが自分の利益になる」ということを表すはずです。ですから、「させてもらう」を原則通りに使うとすれば、自分以外の誰かの意志に従うことと、自分の利益になる行為をすることという、二つの条件がなければならないのです。

ところが、パーティーで司会を務めることは、誰かの指示や依頼によることはあるでしょうが、自分のためのパーティーではないのですから、司会が自分の利益になるというわけではありません。もちろん、司会の報酬はもらうにしても、それは仕事に対する正当な対価なわけで、主催者から恩恵を施されているということではありません。司会者が会を始める場合には、これはもう自分の裁量で行うものであり、他人の意志に従うわけではないし、他人からの恩恵を受けるというものでもありません。

だとすると、「司会を務めさせていただきます」や「会を始めさせていただきます」という文句は、今取り上げているような場面での言い方としては正しくないと考えた方がよさそうです。正しく言うとすれば、やはり「させていただく」を除いて、単に「司会を務めます」「会を始めます」という言い方になるでしょう。

相手に対する敬意を伝える

ただこの「〜させていただきます」は、「〜する」に対する丁寧で改まった表現として、他人に向けてある行為をする場合に、ほとんどあらゆる状況で使われるようになってきています。「**ご遠慮させていただきます**」「ご説明させていただきます」「年末年始はお休みさせていただきます」「塩分を少なめにさせていただいております」など、枚挙に暇がありません。

これほど「させていただきます」が普及するには、それなりの理由があります。例えば相手に何かを説明する場合、それは自分ではなく相手にとって利益がある行為です。それをまるで相手の指示を受けて、自分の利益のために行っているかのように言い表せば、その結果として相手を自分よりも上位に置くことができます。つまり、相手に対する敬意を伝えることができるということです。

自分の行為について、これと同じ働きをする言い方は「謙譲語」と呼ばれます。日本語には、「ご説明申し上げる」「ご遠慮申しあげる」のような謙譲語は、昔からあります。ただこれだと、いくらか丁寧すぎる感じもします。「暑い」の丁寧形として、正式には「暑うございます」しかないけれども、これが馬鹿丁寧に聞こえるのと似たようなものです。

高い敬意を明らかに表す「申し上げる」の代わりに、表面的にはそれほど高い敬意を表さない「させていただく」を使えば、相手に対する敬意を表すという同じ働きをさせながらも、過度に改まった言い方だという印象を与えずにすませられます。要するに、「申し上げる」よりも「させていただく」の方が、堅苦しくない感じで敬意が伝わるということです。現代では、あまりに堅苦しい表現は、特に会話では避けられる傾向が強いようですから、この「させていただく」は、その傾向にうまく合ったということなのではないかと思います。

こちらが控え室になります

変化を表す「なります」

「～になる」は、物事の状態や性質が変化する時に使うのが原則です。「私の娘は来年高校生になる」「明日は天気になる」のような言い方であれば、もちろん何の問題もありません。しかし同じ表現が、控え室の場所を誰かに教える時に使われているのだとしたら、控え室の場所がそう簡単に変わることはありませんから、本来の「なります」の使い方からすると間違いだということになります。

もちろん、控え室の場所が本当に変更されることを表すために使われているのだとしたら、「明日からここが出口になります」のような文と同じように、何の問題もない言い方です。けれども実際には、物事が変化するわけでは全くなくて、物事が今こういう状況にあるのだということを表すだけなのに、「〜になります」が非常に頻繁に使われているのです。

テレビショッピングでは、「**これが新製品になります**」、デパートの案内係では、「紳士服売り場は5階になります」、コンビニのレジでは「お代金千円になります」など、例は枚挙に暇がありません。今では、「これが新製品です」「紳士服売り場は5階です」「お代金は千円です」という言い方を聞く方が、むしろ珍しくなっているくらいです。

それでは、変化を表すわけでもないのに、どうして「〜なります」という言い方が一般化したのでしょうか。その前に、変化を表さない「なります」がいつでも使えるわけではないことを確かめておきましょう。

まず、「私は学生です」や「あなたは医者ですか」と同じ意味で、「私は学生になります」や「あなたは医者になりますか」と言うことはできません。「なります」だと、本来の意味通り、今は学生や医者ではないけれども、未来の時点で学生や医者になるという変化を表します。つまり、文の主語が「私」や「あなた」の場合には、変化を意味しない「なります」が使えないということです。

それから、「クジラはほ乳類です」や「車は便利です」のような、事物の一般的な性質を表す場合も、「クジラはほ乳類になります」や「車は便利になります」のように「なります」を使って言い換えることはできません。

聞き手へのさりげない配慮

要するに、「〜になります」を「〜です」の代わりに使うことができるのは、「なります」と言われても、それが必ずしも変化を意味しないことを、聞き手も当然知っていると考えていい場合に限られるということです。

もちろん、そんなことは誰にでもすぐ分かるのですが、それでは、どうしてわざわざ「なります」を使うのでしょうか。「こちらが控え室になります」について考えてみましょう。この文が使われる時点では、その場所が控え室だということを聞き手は知りません。そして、文が言われてはじめて、控え室の場所が指し示された部屋だと分かるわけです。

ということは、控え室がどこかを知っている話し手にとっては、控え室の場所に変化はないけれども、場所を知らない聞き手にとっては、指し示された部屋が、何のための部屋だか分からない場所から、控え室としての場所に変化するのだと考えることができます。

もちろん、客観的には控え室の場所は変化しないのだとしても、聞き手にとっては、指し示された場所の働きが、知らない状態から控え室として知っている状態へと変化していることを、話し手は知っています。こういう、聞き手にとっての情報の変化を、自分もきちんと知っているのだということを表すのが「なります」なのです。

つまり、「です」の代わりに「なります」を使うことで、聞き手へのさりげない配慮を伝えることができるわけです。この配慮が、聞き手への敬意につながることは言うまでもありません。だからこそ、「なります」が本来もつはずの意味とは異なることは分かっているのに、あえて「控え室になります」のような言い方をするようになったのではないかと、私は考えています。

不審な荷物はお知らせください。

単なる物を「知らせる」ことはできない

列車の中に張ってある注意書きに、こういう文句が記されているのを見かけることがあります。もちろん、何を意味しているのかはすぐに分かります。誰のものか分からない、あやしい荷物を見つけたら、車掌に知らせてくれということです。ですから、一見したところでは、どこにも問題のない表現のような気もします。まあ、だからこそ列車の中の誰にでも見えるところに、堂々と貼り付けてあるのでしょう。

しかし、語法的には、この文は正しくありません。「お知らせください」の中で使われている動詞は「知らせる」ですが、この動詞と一緒に使えるのは、何らかの事実を表す

「文」です。ですから「車が来たことを知らせる」「リンゴがとれたことを知らせる」のような言い方なら問題はありませんが、「車を知らせる」「リンゴを知らせる」のように、一つの単語だけで表される物を知らせるという言い方だと、やはり正しいものだとは言えません。

ただし、「〈単語〉を知らせる」という言い方がいつも問題だというわけでもありません。「到着を知らせる」「成績を知らせる」のように、単なる物ではなく、具体的な内容をもつ事柄を表す名詞であれば、「知らせる」と一緒に使うことができます。

けれどもこの例で、知らせる対象として取り上げられているのは「荷物」という単なる「物」です。物は具体的な事柄ではありませんから、「荷物を知らせる」という言い方はできないはずです。だとすると、「不審な荷物を知らせる」という言い方も正しくないことになります。

実際、日常的な会話だと「荷物を知らせてくれ」や「荷物を知らせた」のような言い方をすることなどほとんどないのは、この注意書きを書いた人も当然知っていることだろうと思います。それなのにこういう間違った使い方をしてしまうのは、現実の注意書きはもっと長くて、例えば「不審な荷物は、直ちに乗務員までお知らせください」のようになっていることが、一つの原因になっているからだと思います。

「荷物は」と「お知らせください」の間に、他の語句がなければ、この二つのつながりに語法的に問題があるということには、比較的簡単に気づくことができます。ところが、間に「直ちに乗務員まで」のような他の語句が入っていると、つながりが直接的ではなくなってしまいます。そうなると、「知らせる」の対象として、「荷物」のような物を使うのはふさわしくないのだということを、つい忘れてしまう可能性も出てくるわけです。

もちろん、だからと言って語法的に正しくない文を作ってもいいということにはなりません。動詞の意味を知っていれば、それに応じた使い方も正しくできるはずなのですから、文を作る時には、やはり語法のことをいつも意識しておかなければなりません。

簡潔な注意書きにするために

ただ、物を表す単語であっても、「(その製品の) **材料を知らせる**」や「(その人の) 服装を知らせる」のような言い方をすることは、十分にできます。このような言い方の場合、「材料」「服装」という一つの単語が使われていても、「その製品の材料が何なのか」や「その人がどのような服装をしているのか」という具体的な事柄だということが、すぐに理解できます。

つまり、製品や人間について、必要な情報を具体的に知らせるというような場面では、物を表す単語でも、それを「知らせる」と言うことができるのです。列車という特別の場所の中で、「不審な荷物」があった場合、その荷物がどこにあって、どのような形状をしているのかということは、乗務員にとって必要な情報です。そのことが「不審な荷物」だけでもすぐに分かるということから、わざわざ「不審な荷物があれば、そのことをお知らせください」のような表現にしなかったのだろうと考えることもできます。それに、「不審な荷物があることをお知らせください」のような文を使ったとしたら、不審な荷物の存在を、知らせる人が前から知っているという意味合いが出てきてしまいます。もちろん、不審な荷物のことは、それを見つけてはじめて知るのですから、前から知っているなどということはありません。そういう不都合を避けて、同時に簡潔な注意書きにするために、あえて語法に違反した文句にしたのではないかと考えることもできそうです。

式を始めたいと思います

「思う」事柄の実現は不確か

会合や式典に集まった人々に対して、自分がこれから何かをすることを伝えたい時に、「〜したいと思います」という言い方をする人がたくさんいます。「これから計画の具体的な内容をご説明したいと思います」「皆様のご厚意に感謝の意を表したいと思います」「今回は、日米関係についてお話ししたいと思います」など、この言い方が使われている例は、いくらでもあげることができます。

実際、「式を始めます」「計画の具体的な内容をご説明します」「感謝の意を表します」「日米関係についてお話しします」のような、「思います」を使わない言い方の方が、何となくぶっきらぼうで、聴衆に対していくらか敬意が足りないようにも思えてしまうくらいです。けれどもよく考えてみると、「したいと思います」という言い方が表す内容は、使われている場面に最もふさわしいものだとは言えないところもあります。なぜならば、「思う」という動詞の前で言われる事柄は、話し手の頭の中だけで成立するものであって、その後で現実に起こるかどうかは分からないからです。

「**一流大学に入りたいと思う**」と言ったとしても、勉強して入学試験に合格しなければ、「一流大学に入る」という事柄は現実には起こりません。「あの娘と結婚したいと思う」と言う場合も同じで、こう言ったからといって、問題の女性との結婚にまでこぎ着けられるかどうかは、全く分かりません。あることをしたいと思っていることの表明と、その願望が実現するかどうかは、別のものです。

つまり、「Xしたいと思う」と言う限り、そのXが表している事柄が、現実に起こるのかどうかは、こう思っている人間にも全く保証できないということなのです。だとすると、「式を始めたいと思います」と司会者が言った場合、「式を始める」という事柄が本当に実現するかどうかは、式が始まってみなければ分からないということになってしまうのです。けれども実際には、司会者の発言で式が始まります。

ですから、ここで「思います」を使ったとすると、司会者が言う文が本来表す意味と、この文に関連して、現実の場面で起こっている事柄との間に矛盾を引き起こすことになります。テーブルの上にカレーライスが載っているのに、「私はこれからうどんを食べます」と言ったり、雨がザーザー降っているのに、「今日は天気がいいです」などと言うのと同じで、発言と現実が一致しなければ、これを聞いた人は、一体何のつもりでこんなことを言っているんだろうかと、戸惑うばかりです。

聴衆に対する敬意

とは言え、「〜したいと思います」という言い方が、非常に一般化しているのは事実です。これは最近のことではなく、戦前のニュースフイルムなどを見ても、こういう言い方が使われているのを耳にすることが時々あります。

多分、それには理由があります。「式を始めます」「感謝の意を表します」のような言い方は、「ます」が使われていますから丁寧な表現だということは確かです。ただし、これを聞いている聴衆に対する敬意は、尊敬語ではなくて丁寧語なのですから、間接的にしか伝わりません。そうすると、「ます」だけを使って表される敬意は、少し足りないのではないかと思う人がいても不思議ではありません。

敬意を直接的に表現するためには、この場合は謙譲語を使えばいいのですが、残念ながら「始める」「表する」をもとにして作ることのできる謙譲語は、日本語にはありません。そこで、「始めたいと思います」のような言い方がされるようになったのではないかと思います。自分が司会をしている場面なのですから、「式を始める」と言えば、それでもう式は始まっています。ここであえて「始めたいと思う」と言うことで、自分が式の開始を取り仕切る権限などないのですよ、権限は皆さんにあるのですよ、という内容を伝える効果をもたらすことができます。つまり、あえて現実とは矛盾した表現を使うことで、聞き手よりも自分が低い立場にあること、つまり聴衆に対する敬意を表すことができるのです。

このように、「始めます」よりも「始めたいと思います」の方が、聴衆に対する敬意の程度が高いように感じられることから、この表現がよく使われるようになったのではないかと思います。

はい、そう思っています

「思っている」とは生意気な奴だ

会議の席で、部長が新しいプロジェクトの説明をした後で、「このプロジェクトに社運がかかっていることは間違いありません。山田君、どう思いますか」と、平社員の山田君に尋ねたとします。この質問に対して、山田君が「はい、そう思っています」と答えたとしたら、部長は多分、山田君のことを生意気な奴だと思うでしょう。

一方お寺で、そこの住職に「仏様を信じますか」と聞かれて、「はい、信じています」と答えたとしても、別に失礼な言い方になるということはありません。

「思う」は思考、「信じる」は信念を表すための動詞ですが、思考も信念も、人間の頭の中で形作られて、頭の中だけで完結する事柄だという点では同じ性質をもっています。日本語ではありませんが、英語の believe という動詞を日本語に訳す場合には、「信じる」という訳ではあまりよくなくて、「思う」と訳した方がいいことがよくあります。例えば、I believe your answer is wrong. のような文だと、「私はあなたの答が間違っていると思う」と訳した方が適当で、「~間違っていると信じる」だと、かなり不自然な感じがします。

というわけで、「思う」と「信じる」は、大体同じような意味を表すものと考えて、それほど間違いはありません。それなのにどうして、「思っている」では不適切で、「信じている」だとそうでもないという、さっきのような例が出てくるのでしょうか。

「はい、そう思っています」の例を考えてみましょう。ここで、「思っています」の代わりに「思います」を使って、「はい、そう思います」と言えば、何の問題もありません。「思います」と「思っています」は、語形が違うのですから、意味も違うのが当然だという気はします。ただ、「私は平和が大切だと思います」の代わりに「私は平和が大切だと思っています」と言ったとしても、表す意味に違いはありません。

「思う」は、「ある思考が頭の中にある」という状態を表す動詞で、状態を表す動詞については、「ている」が付いても付かなくても、原則としては意味に違いが出てこないのです。これは「異なる」と「異なっている」、「見える」と「見えている」に意味の違いがないのと同じです。

前から知っていたという意味の「思っている」

とは言え、「ている」がある場合とない場合で、いつも意味が完全に同じだというわけでもないのです。「山が見える」と「山が見えている」は、これだけだと意味に変わりはありません。ところが、「窓を開けると山が見える」とは言えても「窓を開けると山が見えている」とは言えません。

これは、「**見えている**」が、ある時点よりも前に始まって、その後でも継続する事柄を表すのに対し、「見える」は、このような性質の事柄だけでなく、ある時点で始まって、その後も継続する事柄をも表すことができるからです。今あげた例では、「窓を開ける」時点がその「ある時点」です。窓を開けた後で山が見えるわけですから、その時点の前から山が見えていることはありません。このことから、「見える」はよくても、「見えている」ではよくないということになるのです。

「思っている」についても同じです。部長の発言した事柄を聞いて、それと同じ事柄を「思う」ようになるのが当然です。それなのに、「思っている」と言えば、部長の発言した事柄を、それを聞く前から頭の中にもっていたことになってしまいます。そうすると、部長の発言などは、誰もが前から知っているつまらないことなのだということを、間接的に伝えることになり、これは当然部長に対しては失礼に当たります。

「思う」であれば、「見える」と同じように、部長が発言する時点以後に、思考が継続することを表すことができますから、前から知っていたという意味にはなりません。

これに対し、「仏様を信じる」という信念であれば、お坊さんにその信念のことを尋ねられる前からもっていたとしても、何の不思議もありません。敬虔な仏教徒であれば、誰もがずっと前から仏を信じているのが普通です。このことから、「信じている」を使ったとしても、特に問題はないわけです。

次回をお楽しみにしていてください

「お楽しみにする」は不適切な表現

「楽しみにする」という言い方はあるので、「今度の作品を楽しみにしてくれ」のような言い方も、特に問題はありません。これを丁寧にすれば、「今度の作品を楽しみにしてください」という表現になります。「お楽しみ」も、「社長は今ビデオをお楽しみ中」や「次回の放送もお楽しみに」のように、誰かに対する敬意を表すために使われることができます。ところが、「楽しみにする」と「お楽しみ（に）」という言い方はあっても、「お楽しみにする」という言い方は、このままではどうも難しそうです。

「お楽しみ」に敬意が含まれているのですから、これに丁寧語ではない「する」を組み合わせるのは、やはり適当とは言えません。「する」を尊敬語形「なさる」に置き換えて、「お楽しみになさる」とすれば、敬語的には適切な表現になります。

「元気にする」「大事にする」など、同じしくみをもった表現の場合も、敬意の対象となる人間の行為について使うのなら、「お元気にする」「お大事にする」という言い方では不適切で、「**お元気になさる**」「お大事になさる」と言わなければなりません。

「お」または「ご」は、「スーパーでお米を買った」や「今日はこのご本を読みましょう」のように、表現を丁寧にするのが、その働きの基本です。この場合には、特定の誰かへの敬意が含まれているわけではありませんから、他に尊敬語や丁寧語を使わなければ不適切になるということはありません。

けれども、目上の人の物や行為を表すために「お」が用いられている場合ならば、一緒に使われる動詞は尊敬語や謙譲語から選んで使わなければいけません。社長の「お話」であれば、「お話をされた」や「お話を伺った」とするのが適切で、「お話をした」「お話を聞いた」のような言い方は、このような条件では、間違った敬語の使い方をしていると考えなければなりません。

同様に、先生の「お手紙」であれば、「お手紙をくださった」や「お手紙をいただいた」

のように、「くださる」「いただく」という敬語を使うべきところで、「お手紙をよこした」や「お手紙をもらった」としたのでは、表現としてやはり不適切です。

それでは、「お楽しみにしていてくださいい」の「していて」を「なさっていて」に置き換えて、「お楽しみになさっていていてください」とすれば、問題のない表現になるのでしょうか。どうも、そうではないような気がします。

依頼する前から知っているという矛盾

問題なのは、「お楽しみにして」ではなく「お楽しみにしていて」になっていることです。「楽しみにする」は、意味的には「期待する」「希望する」などと同じ、人間の感情を表す表現です。自分が今もっている感情を表すのであれば、「私は楽しみにしている」のように「ている」を使うのが普通です。

「私は楽しみにする」と言えば、今ではなくてこれからのことを期待するという意味になります。それからまた、未来の事柄を今から楽しみにするということも十分ありえます。この場合には、「今度の会合を今から楽しみにしています」のように言います。「今度あなたに会えば、その次に会えることを私は楽しみにするでしょう」のように、未来の時点で楽しみにするようになることを表す場合に、「楽しみにする」を使います。

相手の感情についても同じです。現在のことであれば、「あなたは楽しみにしている」のように「ている」を使わなければなりません。ただ、相手に何らかの感情があるということを、現在の時点で断言することは、通常は不可能ですから「あなたは楽しみにしていますか」のような疑問文の形で使われるのが普通です。

ある番組の放送後に、その次の回を楽しみにするように依頼する場合、相手はまだ楽しみにしているのかどうかは分かりません。お願いした結果楽しみになるということも十分にありえます。だとすると、楽しみにするのは、依頼した時点よりも後、つまり未来のことになるわけです。この場合には、先ほど「私」について述べたことからも分かるように、「楽しみにする」という形にしなければなりません。つまり、「お楽しみにしてください」もっと正確には「お楽しみになさってください」という言い方にしなければならないのです。「楽しみにしていてください」と言うと、こう依頼する前から、相手が楽しみにしていることを知っていることになってしまい、依頼する理由がないことになります。

この料亭は敷居が高い

「敷居が高い」の本来の意味

「敷居が高い」という慣用句は、ある家に行きにくいという意味を表す慣用句です。ただし、使うことができる条件には制限があります。行きにくい理由が、その家の人と長期間連絡をとっていないとか、その家の人に対して申し訳ない行為をしてしまったなど、家の人と面識はあるけれども、今となっては気安く会えるような状況ではないという場合が原則です。

ところがこの例のように、ある料亭の格式が高くて行きにくいというような場合は、恐らくはまだそこに行ったことはないのでしょうから、料亭の主人や女将さんとも親しい関係にはないはずです。だとすると、料亭に行きにくいという場合に、「敷居が高い」という慣用句を使うのは正しくないということになります。

とは言え、「敷居が高い」という状態だけだと、高い敷居をまたいで家の中に入るのは大変ですから、家の中に入りにくいという意味を表すことまでは、大抵の人には分かります。けれども、そこからさらに進んで、その理由が家の人に対する不義理にあるということまでは、この表現に馴染みのない人には推測できません。

使用制限がゆるくなっている慣用句

だとすると、「敷居が高い」を、単に気後れして行きにくいという意味を表すものと誤解する人がいたとしても、仕方のないことかもしれません。だからこそ、「クラシック音楽は私には敷居が高い」や「京都という町は古いしきたりが守られていて、よそ者には敷居が高い」のような表現が普通に使われるようになったのだと思います。

同じように、本来守らなければならない使用制限がゆるくなっている慣用句としては、「**他山の石**」があります。この慣用句は、「友人の会社の倒産を他山の石として、自社の改革を実行する」のように、他人の悪い事例を参考にして自分を向上させるようにするというのが、本来の使い方です。ですから、「先輩の勉強法を他山の石として努力する」のような、他人のよい例を手本にする意味合いの使い方は、実は正しいとは言えません。

ただ、「他山の石」は、それだけを見ると「他の山にある石」なのですから、どこにも「悪い、粗悪な石」という意味は含まれていません。この慣用句の出典である『詩経』という中国の古典で、他山の粗悪な石でも自分の玉を磨くのに使えるという意味で使われていたために、「悪い例」が手本という限定が付くようになっただけです。

そうすると、「他山の石」を、一般的に「他人の言行」という意味で使う例があったとしても、確かに中国古典で使用されている例の趣旨とは合わないのだけれども、使用制限がないものと誤解するのも無理はないと考えることもできそうです。もちろん、本来の正しい意味でこの慣用句を使った方がいいに決まってはいるのですが、他人が制限をゆるめて使っている例を、ことさらにとがめ立てする必要もなさそうです。

もう一つ、これは慣用句ではありませんが、使用制限がゆるくなっている表現の例として、「**確信犯**」があります。「あいつのスピード違反は確信犯だ」「徒競走でわざところんで負けるという確信犯的行動」のような用例がそれです。これらの例で使われている「確信犯」は、悪いことだとは知っているが、自分の信念に従ってわざとその悪いことを行うこと、という意味です。

ところが「確信犯」の正しい使い方には制限があります。まず、「犯」という漢字があることからも分かるように、行われるのは犯罪でなければなりません。徒競走でころぶのはもちろん犯罪ではありませんし、スピード違反にしても、違法行為ではあっても犯罪には分類されません。そして、これが重要なのですが、行われる犯罪は、政治や宗教に関わる信念に基づくものでなければなりません。だとすると、確信犯というのは、圧政を敷いて人民を抑圧している大統領を暗殺したり、対立する宗教組織の建物を破壊したりするような行為だということになります。政治的信条に従ってスピード違反をする人はいませんし、徒競走でころぶのは政治とも宗教とも無関係です。

ただ、確信犯が、自分の考えが正しいと信じ、意図的に行われる悪い行為だということは、本来の意味でのこの表現にも当てはまります。この共通の意味を重視し、使用制限をゆるめて、「確信犯」がもっと広い範囲で使われるようになったのは、よく理解できます。

その時点で意識は戻りませんでした

期待していた時に使う「戻りませんでした」

誰かがある過去の時点Xで意識を失って、その後の過去の時点Yでその状態がまだ継続していることを表したいとします。この時、「意識は戻りませんでした」と言うのは、適切とは言えません。適切な言い方にするためには、「意識は戻っていませんでした」としなければなりません。

過去の時点で意識が戻ったというのなら、Xだろうが Yだろうが、「その時点で意識が戻りました」と言うだけで、何の問題もありません。過去の時点で起こった事柄を表す方法として、日本語では「戻った」のような「た」を付ける形を使うのが原則だからです。

ただし、ある時点を基準として、その時点よりも前の時点で事柄が起こったことを表したければ、「〜していた」という形を使うことができます。例えば、ある過去の時点で駅に到着したとして、その時点よりも前に電車が出発したことを表す場合、「私が駅に着いた時には、電車は出発していた」と言うのが普通です。基準となるのが「私が駅に着いた時点」で、その時点よりも前に起こった事柄を「ていた」を使って表しています。

とは言え、日本語には英語の「過去完了形」のような特別の動詞形はありませんから、前後関係がはっきりしている場合には、わざわざ「ていた」という形を使う必要はありません。今あげた例も、「私が駅に着く前に、電車が出発した」とも言えますし、「電車が出発した後で、私は駅に着いた」とも言えます。

意識が戻ったのではなく、意識が戻らなかったことを表したい場合には、また事情が違います。先にYで表した過去の時点でまだ意識がなかったのなら、その時点で意識が戻らなかったというのではなく、それよりも前から意識が戻らない状態が続いていたはずです。つまり、「意識が戻らない」という事柄は、時点Yで初めて起こったのではなく、XとYの間はずっと継続していたはずです。

この内容を「意識は戻りませんでした」という形で表現することはできません。もしこの言い方をしたとすれば、Ｙの時点まで意識を戻す努力を続けたり、意識が自然に戻るのではないかと思って容態を注視したけれども、結局は戻らなかったという意味になります。「戻りませんでした」というのは「戻りました」の否定形で、否定形が使われるからには、これに対する肯定形が表す内容が起こるのではないかということが期待されていたはずです。つまり、Ｙの時点で「意識が戻りませんでした」と言えば、同じ時点で意識が戻るのではないかと思われていたということになるわけです。

事柄の時間的表現は難しい

さて、「意識が戻っていない」という表現は、意識が戻るという事柄が過去に起こって、その結果が現在にまで継続しているということはない、という意味を表しています。少し面倒な説明でしたが、要するに、現在よりも前の時点で意識が戻ることはなかったし、今でも意識はないということです。

ですから、Ｙの時点で「意識が戻っていなかった」だと、Ｙよりも前の時点で意識が戻らなかったし、Ｙの時点では依然として意識がなかったという事柄を表します。ある過去の時点で誰かの意識がないという状況は、普通はこれと同じ状況を表します。ですから、

Ｙの時点まで意識が回復するのではないかという期待が継続したという、特別の条件が前もって言われていないのならば、「戻りませんでした」よりも「戻っていませんでした」の方が、問題なく受け入れられる表現だと言うことができます。

日本語で、事柄が起こった時点や継続性のような、事柄の時間的性質を表す表現としては、「走る」「走った」「走っている」「走っていた」の四つの形が基本です。その点で、現在完了や過去完了など、たくさんの形が区別される英語よりは明らかに単純です。ただ、それだけに、基本的な形が表すことのできる性質の範囲が広くなっており、この例のように否定が絡んできたりすると、使い方が意外に難しくなります。

基本形以外には、「走っていく」「走ってくる」のように、「いく」「くる」を付け加える形があって、例えば、「**政府は今まで国民を欺いてきた**」のように言います。「今まで欺いた」というのは間違いですから、過去の時点から現在までの継続を表す特別の表現があるということで、これらの表現まで加えると、いくらかは複雑な特徴もあると言えます。

レースを完走し終わった

同語反復

「レースを完走する」ことは、レースを初めから終わりまで全部走るということですから、当然走ることが終わっていなければなりません。だとすると、「完走する」の後ろに「終わる」をわざわざ付け加える必要はないことになります。

このように、ある単語を使えばもうそれで十分に表されている意味を、また別の単語を付け加えて表しているような無駄な表現のことを「同語反復」と呼びます。この呼び名は、文字通りにとれば、同じ単語を繰り返しているということになりますが、実際はそういうことではなくて、同じ意味の繰り返しがあるということですから、本当は「同意反復」とでも言った方がいいと思います。とは言え、「同語反復」という言い方が昔から使われ続けているので、ここでもその用語を使うことにしましょう。

同語反復としては、「白い白馬」「車内の中」のような分かりやすい例がありますが、さすがにこういう場合だと、最初の例では「白」が繰り返されていますし、次の例では「内」と「中」という似た意味の単語が繰り返されていますから、無駄な表現だということは誰にでも分かります。ですから、こういう同語反復がよく見られるということは、ほとんどありません。

ただ、「**日曜日の日**」や「アメリカ人の人」のような同語反復は、かなり高い頻度で見たり聞いたりします。文字面だけ見ていると、「日」と「人」という漢字が繰り返されているので、同語反復だとすぐに分かります。けれども、「にちようび」や「あめりかじん」という表現は非常によく使われますから、「ネコ」や「かわ」のような日常語と同じように、全体として切れ目のない一つの単語のように意識されるようになっています。

このため、「にちようび」の「び」、「あめりかじん」の「じん」が、それぞれ「日」と「人」という漢字に対応しているという意識が薄くなっているのではないかと思われます。だとすると、「にちようび」が「日」の一種であり、「あめりかじん」が「人」の一種だということを強調するために、「日」や「人」を後ろに付け加えたくなるのはよく分かります。しかも、このような言い方をする人にとっては、同じ意味を表している表現を繰り返しているというつもりもないわけです。

強調するためのくり返し

同語反復になる表現を使ったからと言って、意味が理解できなくなるわけではありませんから、必ずしも避けるべき表現だとは言えないところもあります。実際、この例のような「完走し終わる」だと、「終わる」という意味が繰り返されているのは、少し考えて見てようやく分かるのですから、使われるのを聞いた時点では、それほどおかしな感じがすることもないのではないかと思われます。

話し言葉では確かに、同じ意味の繰り返しも、意味を確実に理解してもらうためには、ある程度仕方のないことだとも言えます。新幹線の車内放送では、「この列車が停まります駅は、新横浜と名古屋に停まります」という言い方が実際にされています。同じ「停まります」が繰り返されていますから、明らかに同語反復表現なのですが、停まる駅のことを言っているのだということを、放送が途中から耳に入ってきた客にも正しく理解してもらうためなのだと考えれば、列車内という状況では許容される言い方だとしてもいいでしょう。

「我が巨人軍は永久に不滅です」という有名な文句がありますが、よく考えてみると、これも同語反復になっています。「不滅」は、そもそもが「永久になくならないこと」という意味なのですから、わざわざ「永久に」という表現を付け加える必要はありません。「不滅の命」と言えば、永久に消えることのない生命のことを言いますし、「不滅の名著」と言えば、永久に読まれ続けるであろう本のことを言います。

けれども、「不滅」は、文字通りには「滅しないこと」、つまり「なくならないこと」を意味するのですから、そこに「永久」という意味が絶対に入っているとも言えません。そう考えれば、決してなくなることがないということを確実に理解させるために「永久に」という文句を入れたのだとしても、特に問題にすることもないと言えます。あるいは、同語反復になると分かっていても、「永久」を強調するためにわざと付け加えたのだと考えることもできますから、すぐ分かってしまう場合以外の同語反復は、場合によっては許容してもいいのかもしれません。

事実が明らかとなった

「となる」が使いにくい場合

何らかの事実が、調査や取材の結果として明るみに出た場合、最近の報道番組などでは、「〜が明らかとなる」という言い方をすることが多いように思われます。もちろん、「明らかになる」と言われる場合も同じように多いのですが、「明らかとなる」と言った方が、いくらか正式な感じがするからか、こちらの表現の方が好まれているようです。

ただし、文法的に考えてみると、「明らかとなる」は必ずしも正しい言い方だとは言えません。「〜となる」は、「その町は戦乱で廃墟となった」「いつの間にか季節も春となった」のような例からも分かるように、「廃墟」「春」のような名詞と一緒に使われるのが原則です。しかも、どんな場合でも、「名詞＋となる」が適切に使えるわけでもありません。例えば、「私は医者となりたい」「明日は晴れとなるはずだ」のような言い方は、かなり不自然で、**「医者になりたい」**「晴れになるはずだ」という言い方の方が普通です。他にも「彼は病気となった」「彼女はそのタレントのファンとなった」のような言い方も、絶対に使えないというわけではないにしても、かなり難しそうです。

「晴れ」「病気」は、天気がどんな様子なのか、人間の状態がどうなっているのかを表す名詞です。つまり、これらの名詞は事物の性質を表していると言えます。「医者」「ファン」は、人間の種類を表す名詞ですが、医者やファンなど職業や嗜好を表す場合は、人間の性質を表す働きに近いものがあります。そうすると、「となる」は、事物の性質を表す表現と一緒には使いにくいのではないかと推測されます。

さて、名詞は「季節は春だ」「私は医者だ」のように、後ろに「だ」を付けて文の述語になることができます。同じように「だ」を伴って文の述語になることができる品詞として、「きれいだ」「けちだ」のような「形容動詞」があります。形容動詞は、働きとしては形容詞と同じですから、事物の性質を表すために使われる単語です。

このように、形容動詞は形の上では名詞に近いところもあるのですが、名詞ではないのですから、「形容動詞＋となる」という言い方はできないはずです。実際、「彼女はきれいとなった」「あいつはけちとなった」のような言い方をすることはできず、「きれいになった」「けちになった」という言い方にしなければなりません。

「明らかとなる」が使えない理由

この例で使われている「明らかだ」も、立派な形容動詞の仲間です。ですから、「事実が明らかとなった」というのは、形容動詞の正しい使い方には違反しています。形容詞「大きい」であれば、後ろに「なる」が続く時には、活用形が連用形になって「大きくなる」のような言い方になります。同じように、「明らかだ」も「連用形＋なる」という方式に従って、「明らかになる」とするのが正式な言い方です。

しかし、形容動詞というのは、先に述べたように、形の上では名詞に近いところがあります。「豪華だ」「精密だ」などは、「この部屋は豪華だ」「精密な機械」のような例を見ても分かるように、形容動詞としての働きをすることができます。けれども、「豪華」「精密」だけを取り出して、「豪華を追求する」や「精密と安心が目標だ」のような言い方をすることができますから、「豪華」「精密」は名詞としての働きもできます。

つまり、形容動詞から「だ」を除いた部分（これを形容動詞の「語幹」と言います）は、名詞として独立させることができる場合もあるということなのです。名詞であれば、「となる」の前に来ることができますから、形容動詞の語幹の後に「となる」を続けることができるのだと思っても、仕方のないところはあります。

こういう理由で、「明らかになる」の代わりに「明らかとなる」という言い方がされるようになったのだろうと考えることができます。とは言え、「明らかだ」の「だ」を除いた語幹部分は「明らか」なのですが、これだけで独立した名詞として働くことはできません。これは、「明らかが大切だ」とか「明らかを求める」のような言い方をすることができないことからも分かります。名詞ならば、「が」や「を」を伴って、きちんとした表現を作ることができるはずです。名詞としての働きができるからこそ「となる」を続けることができるのですから、そうでないのであれば、やはり「明らかとなる」を正しい言い方だと認めることはできないのではないかと思います。

若者はすべからく攻撃的だ

「すべからく」は「すべて」ではない

「すべからく」は、漢文を訓読する時に用いられる表現です。漢文訓読の時には、古語が使われますから、「すべからく」も当然古語の表現です。「する」の古語形「す」に義務を表す助動詞の「べし」が付き、その後に「～することには」という意味を表す接尾辞の「く」が続いて作られたのが「すべからく」です。ですから、全体としては、「～しなければならないことには」という意味を表しています。

漢文では、普通「すべからく～べし」という言い方で用いられます。「すべからく」に当たる漢字は「須」ですから、例えば、「須之洛陽」であれば、「すべからく洛陽に之くべし」（すべからくらくようにいくべし）と訓読して、「洛陽に行かなければならない」という意味になります。

ただ、考えてみると、「すべからく」の中にはもう「べし」があるのですから、またその後に「べし」を付けるのは、同じ単語の繰り返し、つまり「同語反復」になってしまいます。これは現代語で、「行かなければならないべきだ」と言っているのと同じようなものので、どうしてこんな無駄な訓読法が使われるようになったのか、どうも不思議です。

それはともかくとして、「若者はすべからく攻撃的だ」で使われている「すべからく」は、義務を表すのではなく、「すべて」という意味を表しています。もともとこの表現は古語であり、現代語で使うとすれば文語的な言い方になるのですから、「すべからく」が「すべて」の意味で使われ始めたのは書き言葉の中です。

「すべからく」と「すべて」は、「すべ」の部分までは同じですから、語形の上での共通性はあります。このことが、両者が混同されるようになった理由の一つなのでしょう。ただ、語形が似ているだけで二つの単語が混同されるのだとしたら、「ゆっくり」と「そっくり」や「経験（けいけん）」と「軽減（けいげん）」のような単語も混同されていいことになってしまいます。もちろん、こういう単語の組が混同されることはありません。混同されるからには、二つの表現が表す意味にも似たところがあるはずです。そこで「すべからく」の意味を考えてみると、「義務」というのは、「誰かがあることをする」という事柄が、あらゆる場合に起こるものと話し手が考えていることを表していると考えることができます。

意味の共通性による混同

少し分かりにくかったかもしれませんが、「市民は法律を守らなければならない」という表現が表している義務の内容は、「市民が法律を守る」という事柄が、どんな状況でも成立することを話し手が期待しているということです。これを、「市民は法律を守ってもいい」という「許可」を表す言い方に置き換えたとしたら、同じ事柄が、ある状況では成立するだろうけれども、別の状況では成立しなくてもいい、ということが期待されていることになります。

というわけで、「すべからく」が表している内容は、「すべての状況である事柄が起こる」ことを話し手が期待しているというものなのです。となると、「すべからく」と「すべて」には、表す意味の点でも共通性があることになります。恐らくは、語形が似ているだけでなく、このように意味にも類似性があるからこそ、これら二つの表現が混同されて用いられるようになったのでしょう。

混同の理由はまだあって、「すべからく」が古文や漢文で用いられる表現だというのもあります。つまり、普段あまり読むことのない文章で使われる表現なので、意味を不正確にしか理解していないということです。古文や漢文に親しむ習慣のない若者が、いくらか堅苦しい文体で文章を書こうとする時、うろ覚えの「すべからく」を間違った意味で使ってしまい、それが広がっていったということは、十分ありえます。

本来は「ゆっくりと」の意味を表す「**おもむろに**」を、「突然に」「急に」の意味で使ったり、「静かに」という意味を表すはずの「**粛々と**」を「予定通りに」の意味で使うなどというのも、古語的な表現の意味を取り違えている例です。「**語るに落ちる**」も、「話す内容が恥ずかしい、下らない」のような意味で使われることが多いようですが、本来は「話しているうちに本当のことを言ってしまう」です。誤用と原義ではずいぶん違います。

犯人は逃走している状態です

「逃走している」と「状態」は結びつかない

現在起こっている事柄を表すなら、「車で走っている」「今部屋にいる」のような言い方をすれば、それで十分です。ですから、犯人が今逃走していて捕まっていないという内容であれば、「犯人は逃走しています」と言えばいいだけです。それなのに、この例のように「逃走している状態」のように、「状態」をわざわざ付け加えて言い表している例を、特にテレビの報道番組などでよく耳にするようになりました。

普通に考えれば、現在ある事柄が起こっているのは、一種の状態なのだから、そのことを正確に表すために「〜している状態」と言っても、何の問題もないような気もします。

確かにそうなのですが、「逃走している」という表現が表す事柄は、厳密な意味での状態ではありません。「逃走する」は、人間の運動を表す動詞ですから、「逃走している」と言えば、その運動が行われている途中です。

ところが、「状態」というのは、事物の性質や事物の存在など、一定の間変化しない事柄の、ある時点でのあり方を表すのが本来の意味です。「花子は親切だ」という文は、花子の性質を表していますから、普通ならば長い年月変わらない事柄です。この変化しない事柄のうち、現在の部分を表すのがこの文なのですから、これならば状態の一種だと言えます。「太郎は会社にいる」という文ならば、太郎という人間が現在ある場所に存在していることを表しています。この存在は、数時間しか続きませんが、その間は太郎が同じ場所に変わらず存在しているのですから、現在での部分を取り出したとすれば、それはやはり状態だと考えて差し支えありません。

「物が運動する」という事柄では、物の空間的な位置が常に変化していますから、事柄のどの部分を取ってみても、その物は同じ位置にはいません。ですから、この事柄のすべての部分が、他の部分とは異なっているということです。だとすると、現在の時点を取り上げて「運動している」と言ったとしても、それはちょっと前やちょっと後の時点での部分とは違うわけで、だとすると、現時点での事柄の部分を「状態」というのは、この言葉の正確な意味からすると、正しくないということになります。

というわけで、「逃走している状態」という言い方は、「逃走している」と「状態」が正しく結びつくことができない以上、不適切な表現だということになります。とは言え、事物の性質や存在という事柄の現時点での部分と、事物の運動を表す事柄の現時点での部分は、「事柄の部分」という点では共通です。だとすると、現時点での事柄の部分なのだから、性質や存在だろうが、運動だろうが、どちらも「状態」だと考えていいだろうと考える人がいたとしても、無理もないことだとは思います。

価値ある情報を伝える

ですから、「逃走している状態」という言い方も、その限りでは特に不適切なものだと考える必要はないのかもしれません。それに、本来の意味で状態を表す「花子は親切だ」や「太郎は会社にいる」を、「親切な状態だ」とか「会社にいる状態だ」などと言い換えることはまずありません。となると、本来は状態とは言えないけれども、刻々と変化する事柄の部分が、現在の時点で成立しているのだということを強調し、現在よりも後の時点でも事柄が変化し、最終的には何らかの形で終了するのだということを、「現時点では逃走している状態です」のような表現を使って表そうとするのも、それなりに理解することはできます。

それに、よく観察してみると、現在の時点で聞き手、つまり報道をメディアで見たり聞いたりしている人にとって価値ある情報を伝える場合に「〜ている状態です」という言い方が使われているようです。例えば、「**現在株価は安定している状態です**」「現時点では乗組員の安否は分からない状態です」のように、恐らくは視聴者がまだ知らないだろうし、知りたいだろうと思っている情報を表す時には、「状態」を使います。一方で、「今日は天気がいい」や「通常国会は開会中だ」のように、多分誰もがすでに知っているし、知ったからといって特に驚くこともないような種類の情報については、「今日は天気がいい状態です」「通常国会は開会中の状態です」などと言うことはありません。つまり、「〜している状態です」を使うかどうかが、報告される情報の価値に対する判断を表しているのだろうと考えられるわけです。

その事件は今なお衝撃を与え続けている

なぜ瞬間的動作に「ている」が可能か

「衝撃を与え続けている」という言い方、特に注意しないと見過ごしてしまいそうですが、文法的には問題があります。「衝撃を与える」というのは、「ぶつかる」とか「たたく」と同じで、基本的には瞬間的に終わる動作を表します。ところが、「ている」という表現は、一定時間継続する事柄の途中、もっと正確に言えば、事柄の部分が現在の時点で起こっていることを表すために使われます。例えば、「太郎は勉強している」であれば、「太郎が勉強する」という、ある程度の時間は継続する事柄の部分が、現在の時点で起こっていることを表しています。

けれども、瞬間的に終わる動作は、まさに一瞬しか継続しないのですから、本質的に部分というものがありません。だとすると、「ている」を付けて部分を表すことはできないはずなのですが、実際には「ぶつかっている」「たたいている」という言い方は、日本語の正しい表現として使われています。

どうして、瞬間的に終わる動作を表す表現に「ている」を付けることができるのでしょうか。それは、この動作に関連する事柄で、一定時間継続するものを探し出して、その部分を表すようにしているからなのです。

まず、「ぶつかる」という瞬間的動作の後には、何らかの目に見える結果が残ることがあります。例えば、車が電柱にぶつかったとしたら、その結果として、壊れた車が電柱に接触した状態で残るという事柄が生じます。このことを「車が電柱にぶつかっている」という言い方で表すわけです。「たたく」も瞬間的な動作ですが、人が何かをたたいた結果は、よほど強い力でたたいた場合でないと、目に見えるような形では残りません。その代わり、たたく動作は何回も繰り返すことができます。瞬間的な動作でも、何回も繰り返せば、ある程度の時間にわたって継続します。こういった繰り返しの動作ならば、その部分を認定することもできて、実際、「花子はドアをたたいている」という表現は、花子が何回もドアをたたくという動作の部分が、現時点で起こっていることを表しています。

このように、瞬間的に起こる動作を表す表現に「ている」が付いた形は、動作の結果が現時点でも残っていることか、現時点で動作が繰り返されている途中かの、どちらかを表すことで、「事柄の部分」という「ている」の働きを何とか保っているわけです。

瞬間的動作と「~続ける」

さて、「衝撃を与える」という動作なのですが、この動作が物理的に力を加えるという意味を表す場合には、目に見える結果を残すこともあります。例えば、「電柱の壊れ方を見ると、ぶつかった車が強い衝撃を与えていることが分かる」のような言い方であれば、車が電柱に物理的な衝撃を与えた結果が、現在でも残っていることを表しています。

ところが、事件が衝撃を与えるという事柄の場合は、人間に心理的な力を加えることを表します。人間の心理状態は、自分のこと以外は確実には分からないのが普通ですから、事件が衝撃を与えた結果が、誰にでも分かる形で残ることはありません。もちろん、事件の結果、ある人間が強い心理的衝撃を受けて、その後の行動に大きな変化が見られたというような場合であれば、「その事件は、巻き込まれた少年に衝撃を与えている」という言い方をすることもできます。

それからまた、「その事件」と言えば一つの事件のことでしょうから、一つの事件が何回も繰り返して、人間に衝撃を与えるということはありえません。ですから、「衝撃を与えている」という言い方で、繰り返される動作の部分を表すこともできないわけです。

そして問題なのは、「衝撃を与え続ける」という表現です。「～し続ける」というのは、終わるまでに一定の時間が必要な動作が、まだ終わらずに継続中だという意味を表します。ですから「**走り続ける**」「泣き続ける」のような言い方はできますが、瞬間的に終わって、しかも繰り返すことができない動作については、「～続ける」という言い方はできません。実際、「その電気が消え続ける」「太郎が生まれ続ける」のような言い方は不適切です。「事件が衝撃を与える」のも、事件が一個のものであれば、一回だけで瞬間的に終わる動作なのですから、「衝撃を与え続ける」という言い方はできないのです。そしてその後にまた「ている」を付けることなど、「衝撃を与え続ける」すら、この場合には言えないのですから、全く不可能なのです。

彼はパターがうまい

「パッティングがうまい」

「パター」はゴルフの道具です。この道具を使って行う動作を「パターする」と言うことはできません。「～がうまい」というのは、ある動作が上手だという意味なのですから、「パターする」が言えなければ、「パターがうまい」という言い方もできないのです。

野球で「バットがうまい」とか「グローブがうまい」と言わず、剣道で「竹刀がうまい」、料理で「包丁がうまい」のような言い方をしないのと同じです。もしある道具を使って行う動作がうまいのなら、「グローブの使い方がうまい」とか「竹刀さばきがうまい」などと言わなければなりません。

「バット」については、外来語の「バッティング」という単語があって、これで「バットを使って打撃する動作」のことを表しています。ですから、バットの使い方が上手だということは「**バッティングがうまい**」と言うのが普通です。「パターを使ってゴルフボールを打つ動作」についても、外来語の「パッティング」という単語があります。ですから、同じように「パッティングがうまい」と言えば適切な表現になります。

どうしてこんな間違った言い方をする人が出てくるのかというと、やはり「パター」が英語から入ってきた外来語だからでしょう。「パター」がボールを打つ道具だということは知っていても、これに加えて「パターを使って打つ」という意味も表すものと誤って理解し、この結果「パターがうまい」とか「パターする」という言い方をしてしまうのだろうと思います。

外来語を日本語に取り入れる時の決まり

けれども、外来語とは言え、日本語への取り入れ方にはちゃんとした決まりがあります。日本語に一番多い英語からの外来語の場合、英語で名詞であれば、外来語として取り入れられた語形で、日本語でも名詞として使われます。「バット」「グローブ」「ジュース」

は、どれも英語の名詞ですから、日本語でも「バットで打つ」「グローブで受ける」「ジュースを飲む」のように、名詞として使われ、「バットする」「グローブする」「ジュースする」のように「する」を付けて動詞にすることはできません。

「バッティング」「キャッチング」「パッティング」などは、動詞をもとにして作られた名詞です。品詞としては名詞ですが、もとは動詞なのですから、その中に動きが含まれています。ですから、日本語で「運動」や「走行」など、動きを表す名詞に「する」を付けて、「運動する」「走行する」と言えるように、こういった外来語についても、「する」を使って動詞のように使うことはできるのですが、「バッティングする」のような言い方は普通しなくて、「バッティングをする」のように、「を」を「する」の前に置いて、まだ名詞なのだということが分かるようにして使われるのが原則です。

英語で動詞ならば、日本語ではそのままの形で使うことはできませんから、「する」を付けることで、動詞として使います。「キャッチ」「キック」「セット」などは、英語ではこのまま動詞として使われますが、日本語では「キャッチする」「キックする」「セットする」のような形で使わなければなりません。

英語で形容詞ならば、日本語では「な」を付けて、形容動詞に置き換えた形で使われます。「ビューティフル」「エレガント」「ノーブル」などは、もとの英語では形容詞です。日本語で形容詞として使うには、「い」を付けなければならないのですが、こういう形で新しい形容詞を作ることはあまりなく、**「ビューティフルな」**「エレガントな」のような形(「形容動詞」)にして日本語に取り入れる決まりになっています。

誤用が生じやすいのは、外来語として取り入れられた単語が、もとの英語でどの品詞だったのかをきちんと確認することを怠っている場合です。「ビューティー」は「美」という意味を表す名詞、「エレガンス」は「上品」という意味の名詞です。もとが名詞なのですから、日本語でも名詞として使われなければなりません。ところが、「ビューティーな」「エレガンスな」のように、「な」を付けて形容動詞として使われている例が、非常によく見られます。これらの名詞が表す意味が形容詞に近いことは確かにしても、英語で名詞なのですから、やはり「な」を付けて形容動詞として使うことは、外来語を日本語に取り入れる決まりには違反していると考えなければなりません。

今日は暖かくしてお出かけください

「する」タイプより「なる」タイプ

冬の寒い日、朝の天気予報で、予報担当者がこういうのをよく聞きます。「暖かくする」は、何かを暖かい状態へと変化させることを表すのが基本で、「暖める」と同じような意味を表します。ですから、「暖房で部屋を暖かくした」や「車内を暖かくしてから出発する」のように、何を暖かくするのかをきちんと表すのが普通です。実際、「暖房で暖かくした」「暖かくしてから出発する」とだけ言われても、一体何が暖かくなるのか、これだけではよく分かりません。

だとすると、「暖かくして出かける」という言い方も、暖かくするものが表現されていませんから、適切な言い方だとは言えないことになります。暖かくするのは、自分がいた部屋だったり、飼っているイヌの小屋だったりする可能性も、全くないとは限りません。もちろん普通に解釈するならば、自分の身体を暖かい状態に保つようにして出かけるという意味だということは分かります。だとすると、「ご自分の身体を暖かくしてお出かけください」のような言い方をしなければ、誰もが正しく理解できる表現にはなりません。

ところが日本語では、「自分の身体を暖かくする」のような言い方を、普通はしません。「自分自身を~する」のように、主語の動作が主語自身に戻ってくることを表す表現を、「再帰表現」と言います。日本語でも再帰表現は使われるのですが、「自分（自身）」という単語で、再帰表現だということを明示している言い方が使われる頻度はそれほど高くありません。英語だと、「自分を洗う」「自分に言う」「自分に服を着せる」のような再帰表現は、それほど珍しくはありません。日本語でも、こういう言い方を全然しないわけではありませんが、普通は「身体を洗う」「ひとりごとを言う」「服を着る」のような、「自分」を使わない言い方をするものです。

だとすると、「暖かくして出かける」だろうが「自分を暖かくして出かける」だろうが、日本語としてはあまり自然な表現だとは言えないわけで、もっと自然な言い方にしたければ、「暖かい服装で出かける」のような、再帰表現ではない形にした方がいいと思います。

どうして日本語で「自分」を使った再帰表現があまり使われないのかという、根本的な理由はよく分からないのですが、どうも日本語は、「何かがあることをする」という言い方よりも、「何かがある状態になる」という言い方の方を好む言語のようです。もちろん、「人が走る」「馬が草を食べる」のような表現は、「する」タイプで、こういう言い方はいくらでもあります。ところが、「驚かせる」「思い出させる」のように感情や思考を表す場合には、英語だと「その知らせが太郎を驚かせた」「その写真が少年時代を思い出させた」のような「する」タイプの言い方をすることも、普通にあります。ところが日本語だと、「太郎はその知らせに驚く」「その写真を見て少年時代を思い出す」のように、「なる」タイプの言い方をする方が、圧倒的に自然な感じがします。

そもそも日本語では、「知らせ」や「写真」のような、生き物ではない物が「〜する」という動作を表す表現の主語になることは、あまりありません。「雪が列車を遅らせた」「戦争が息子を殺した」のような言い方は、日本の学校では、特に英文法で「無生物主語構文」などと呼ばれて、特別扱いをされます。「雪で列車が遅れた」「戦争で息子が死んだ」のような「なる」タイプの表現の方が、日本語としては自然だからです。

「自分を〜する」が珍しくなくなった

「なる」タイプの言い方が日本語で好まれるとなると、「誰かが自分を〜する」という再帰表現はあまり使われず、同じ意味でも「誰かが〜なる」のような言い方の方がよく使われるようになるのは、自然のなりゆきでしょう。

とは言え、現代の日本語では「自分を変える」「自分を信じる」「自分を認める」のような「誰かが自分を〜する」というタイプの、「自分」を明示する再帰表現が珍しくなくなっていることは確かです。「**自分をほめてやりたい**」と言ったオリンピック選手もいましたし、「自分を探す旅に出よう」などという旅行会社の広告もあったりします。だとすると、「自分を暖かくする」という言い方が、必ずしも不自然だとは感じられず、「自分」がなくても意味が分かることから、「暖かくして出かける」という表現が広く使われるようになったのではないかと考えられます。

部長、お疲れさまでした

目上の人に「お疲れさま」は生意気？

日本の社会では伝統的に、目上の人をねぎらったり、ほめたりするのは失礼に当たるとされています。自分より社会的に上位に位置する人は、それだけで下位の人間よりも優れた行いをするのが当然なのだから、そういう優れた行いをするはずのない目下の者が、目上の人間に感謝したりほめたりする資格はないということなのでしょう。

ですから、目上の人間である部長に対し、「お疲れさま」と言って、その労働に対する感謝の気持ちを伝えるのは、生意気だというのが伝統的な考え方です。学校の先生に、「先生は授業がお上手ですね」と言ってほめるのも、同じように失礼だとされます。学校の先生が上手に授業をするのは当然なのであって、それを教師でもない人間がほめるなどということは、たとえそれが感謝の気持ちを表すことを目的とするものであっても、すべきことではないというのが、昔からの考え方です。

確かに、普通の人間が、画家や書道家に対して、「上手な絵ですね」とか「字がうまいですね」などと素朴にほめたとしたら、当の画家や書道家は、あまりいい気持ちはしないだろうと思います。絵や字がうまいからこそ、職業として画家や書道家をやっているわけで、それを高い鑑識眼があるわけでもない素人がほめるなどということは、やはり分をわきまえない失礼な態度だとされても仕方がありません。

絵や字に関して、技量の低い素人が「目下」で、画家や書道家が「目上」に当たると見なすことができます。技量について、目下が目上をほめるのが失礼なのは、誰もが認めることです。技量の分野を、一般社会にまで拡大するとすると、目下の者が目上の人間をほめるのが、やはり礼を失する行為になるというのも、分からないわけではありません。

人への感謝の気持を直接的に表現しない伝統

日本語の「感謝」という単語は、外国語である中国語から取り入れられた単語で、昔からある日本語に、この意味に正確に対応する単語は、どうも見つかりません。もちろん、「ありがたい」という単語はありますが、これは、誰かの行為が感謝される値打ちがあるという意味を表しているのであって、その行為を行った人間に対して、感謝の気持ちを表すことを意味しているわけではありません。

ということは、誰かの行為が「ありがたい」、つまり滅多に起こらないほど価値がある、と表現することが日本語では中心で、その誰かへの感謝の気持ちは、行為をほめることで間接的に表されるだけです。もちろん日本人でも、誰かへの感謝の気持ちをもつことは自然な感情ですが、それを言語としては、直接的に表さないのが伝統的なやり方だったということです。これは、伝統的な日本語に「愛」に当たる単語がなかったのと似ています。誰かを「愛する」という行為も、昔からの日本語では、「誰かを大切に思う」のような言い方で表す以外の方法はありませんでした。

目上の人間は、目下の人間に対して恩恵を与えるのが当然の立場にあります。そして、昔からの日本語で、誰かに対する感謝を直接的に表現する習慣がないのだとすると、目上の人間に対して目下の者が、「あなたは労働して疲れているだろう」などと言いながら、感謝の気持ちを表すのは、なおさら立場にふさわしい行為とは言えないのでしょう。

ただ、「お疲れさまでした」は、目上の人間が職場などから帰宅しようとしている時に、まだ残って仕事を続けている部下が使う挨拶の文句です。「さようなら」だと、目上に対する丁寧な挨拶とは言えませんし、「どうも」だと、もっとぶっきらぼうな感じがします。「失礼します」と言う人もいますが、これは、自分が先に帰る時に目上の人間に対して使う文句です。

つまり、目上の人間が先に帰る時に、目下の者が適切に使うことができる挨拶の表現が、日本語にはないのです。私などは、丁寧ではないと知っていても、つい「どうも」と言ってしまいます。ヨーロッパ諸語のように、「また明日お目にかかりましょう」のような意味を表す表現が、別れの際の定型的な挨拶として定着していればいいのですが、残念ながら現代の日本語でもそのようにはなっていません。

部長が先に帰る時に、だまって会釈するだけというのは、やはり大いに失礼ですから、何か言う必要があります。そうなると、目上の人間をねぎらう表現だということは分かっていても、「お疲れさま」を使う以外にうまい選択肢はなさそうです。

不況が続く中、効果的な対策が望まれる

理由を間接的に推測させる「中」

「中」は、基本的には名詞で、ある物の内側の部分を意味します。「部屋の中で遊ぶ」や「山の中に分け入る」のような言い方で使われる「中」が、その基本的な性質を反映するものです。ところが最近では、この「中」が接続詞のような働きをする単語として用いられるようになりました。接続詞は、「そして」「しかし」のように、普通は文の先頭に置かれる単語ですから、「続く」のような述語の後に置かれているこの「中」は、正確に言えば「接続助詞」と同じ働きをしていると言えます。

この例では、「不況が続いているので」で置き換えられるような、「理由」を表す接続助

詞と同じような働きをしています。「減税が要求される中、増税を唱えるのは勇気がいる」という例でも、「中」は、続く文が表す事柄に対する理由を表しています。

理由を表す「ので」あるいは「から」のような、きちんと文法書でも解説されている接続助詞がちゃんとあるのに、どうしてわざわざ、もともとは名詞でしかない「中」を、新しい接続助詞として使うようになったのでしょうか。

恐らくそれは、接続助詞として辞書にも登録されている「ので」「から」であれば、先行する事柄が、後続する事柄の理由だということをはっきりと表す働きをするのに対し、「中」だと、理由を表す接続助詞として正式に認定されているわけではありませんから、理由を表すのではないかと、間接的に推測させる働きをすることができるためだろうと思います。

「PのでQ」という言い方をすれば、PがQの理由だとはっきり述べているのですから、そのことに対して、ある意味できちんと責任をもつ必要があります。ところが、「P中Q」であれば、「中」がどういう働きをするのかは、辞書には登録されていません。「中」が接続助詞的に働いている例として、辞書にも記載があるのは、「雨が降る中歩いた」「お忙しい中お越しくださりありがとうございました」のように、「雨が降っている時に」「お忙しい時に」で置き換えられるような、時間的な同時性を表す働きをするような場合です。だとすると、「Ｐ中Ｑ」が理由を表すと理解されるのは、あくまでもＰとＱとの意味的な関係をもとに受け手が推測した結果であって、この表現を使った人間が、その推測に責任を負わなければならないというわけでもありません。要するに、「中」を使えば、前半のＰと後半のＱとの間の因果関係を、曖昧な形で表現することができるということです。

丁寧度を上げる「中」

実際には特定の物や場所を指しているのに、「ティラミスなんかを食べたい」や「池袋とかに住んでいます」など、わざと曖昧に対象を指し示す言い方が広く用いられるようになっているのが、現代の日本語が示す特徴の一つです。曖昧な言い方をして、伝えたい内容を推測させるという、間接的な理解の過程を聞き手にあえてたどらせることで、表現の丁寧度を上げるというのが、曖昧な表現が選択される要因だと考えられます。

「中」以外にも、同じように接続助詞としての働きをするようになっているのが、「**部分**」という名詞です。「この計画は、準備に費用がかかるという部分で、実現性に乏しい」や「政府の予算案は、公共事業の縮小を計画しているという部分で、野党の反対を抑えられると思う」のような言い方を見ると、「部分で」という形が、やはり「理由」を表す接続助詞的な働きをしていることが分かります。

ただ、同じように理由を表すと言っても、「部分」の場合は、「中」とは違って、ある事物について何らかの事柄を表したい時に、その事物に密接に関連する事実を理由としてあげる場合に使われるようです。ですから、「不況が続く部分で、効果的な対策が望まれる」のような言い方はできません。つまり、提示される事実は、まさに事物に関連する「部分」としての性質を、まだいくらかは保っていると言えそうです。

「中」や「部分」のような名詞が、接続助詞的な働きをするようになるのは、日本語としては特に珍しいことでもありません。**「雨が降っている時、傘をささないと濡れる」**の「時」、**「調べてみたところ、問題はなかった」**の「ところ」、**「駅に行く途中、事故を目撃した」**の「途中」などは、もともとは時や場所を表す名詞だったものが、接続助詞としての働きをするようになっている例です。文と文との意味的な関係には多様なものがありますから、その違いを表し分けるための工夫を、日本語が行っているということなのです。

台風の被害が心配されます

なぜ「心配です」と言わないのか

天気の解説で、台風が接近している時、どこかの地域に被害が及ぶ恐れがあると、「被害が心配されます」という言い方をすることがよくあります。この言い方は、かなり昔から聞かれるように思います。ただ、よく考えてみると、なぜ単に「被害が心配です」とか「被害の恐れがあります」のように言い切るのではなくて、「心配される」という「られる」をわざわざ付けた言い方にするのか、どうも分からないところがあります。

「心配される」は、「心配する」に助動詞「られる」の付いた形です。「られる」には受け身、尊敬、可能、自発という四つの意味を表す働きがありますが、「心配される」はこのうちで「自発」の働きをしていると考えなければなりません。「(私たちが)台風の被害を心配する」という文の受け身だという可能性もありますが、「心配する」は特定の台風の被害が現在の時点で心配だという意味で使うことはできず、「心配している」と言わなければなりません。この表現の受け身は「心配されている」なのですから、「心配される」が、この場合受け身だという解釈は成り立たないわけです。

「自発」というのは、「自発的に」の「自発」とは違って、国文法の用語としては、特に原因があるわけではないけれども、自然にそうなるという意味を表しています。「**故郷が思われる**」であれば、何となく故郷のことを思ってしまう、という意味ですし、「**息子のことが気遣われる**」であれば、親として自分の息子のことを自然に考えてしまうというような意味を表しています。

一方現代の日本語で、「何となくドアを開けてしまった」とか「品物に理由もなく手が出てしまった」という意味で、「何となくドアを開けられた」とか「品物に理由もなく手が出られた」のような言い方をすることもありません。

このように現代の日本語では、明らかに自発の意味だということが分かる場合でも、「られる」という助動詞が使えるわけではないのです。自発の意味で「られる」が使えるのは、「思う」「考える」「案じる」「気遣う」など、思考や感情を表す動詞に限られます。しかも、「驚かれる」が自発の意味に解釈されることがないことからも分かるように、思考や感情を表す動詞だったとしても、「られる」を付けて自発の意味を表すことができるのは、ほんの一部の動詞に限定されています。

思考や感情に客観性をもたせる「される」

「心配する」は感情を表す動詞で、「案じる」や「気遣う」と意味は大体同じです。「心配される」という言い方も、「遠くに住む母親のことが心配される」のように、自発の意味に解釈することは可能です。だとすると、「被害が心配される」という言い方は、自発の意味を表す表現として、どこにも問題はないと考えてよさそうにも思われます。

ただ、この表現は、「台風が日本に接近している」という具体的な事実を提示している場面で言われています。ということは、被害を心配する明確な理由がきちんと言われているということです。台風が上陸すれば、被害が出ることは十分に予測できるのですから、被害が心配になるのは、ある意味で必然的なことです。だとすると、「被害のことが自然に心配になる」などということは、この場合に関する限りは、とても考えられないことです。それなのに、「心配される」という、特別の理由もないのに心配になるという意味の自発表現を使うのは、適当とは言えないのではないかとも思われてしまいます。

ところが、現代の日本語では、「**両国間の紛争の解決が望まれます**」や「**今後の発展が期待されています**」のような自発表現がよく使われるようになっています。紛争の解決を希望したり、将来の発展を期待する場合に、そこに特別の理由がないなどということは、通常はありえません。だとすると、「自然にそうなる」という、現代日本語で自発表現を使う条件を満たしていないことになります。ただ、本当は特定の理由があるのに、わざと自然にそうなるかのような言い方をすると、思考や感情がいかにも当然のことであるかのように思えます。つまり、自分が思ったり感じたりしていることを、他の人もそうなるのが当然だと主張することで、思考や感情に客観性をもたせることができるわけです。もちろん、本当に客観的かどうかは分からないのですが、客観性があるように言った方が、受け手に対する説得力も増します。こういう理由で、「被害が心配される」や「解決が望まれる」のような自発表現が、メディアでよく使われるようになったのではないでしょうか。

町田 健（まちだ・けん）一九五七年福岡県生まれ。東京大学大学院人文科学研究科博士課程単位取得。東京大学助手、北海道大学助教授などを経て、現在、名古屋大学教授。専門は言語学。著書『言語学が好きになる本』『生成文法がわかる本』『日本語のしくみがわかる本』『日本語の正体』（以上、研究社）『チョムスキー入門』『ソシュール入門』（以上、光文社新書）『言語世界地図』（新潮新書）ほか

変わる日本語その感性

2009年7月25日　第1刷発行

著者　町田 健

発行者　辻一三

発行所　株式会社青灯社

東京都新宿区新宿1－4－13
郵便番号160-0022
電話03-5368-6923（編集）
　　03-5368-6550（販売）
URL http://www.seitosha-p.co.jp
振替　00120-8-260856

印刷・製本　株式会社シナノ

ISBN978-4-86228-033-6 C0081

小社ロゴは、田中恭吉「ろうそく」（和歌山県立近代美術館所蔵）をもとに、菊地信義氏が作成

●青灯社の本●

「二重言語国家・日本」の歴史 石川九楊
定価2200円+税

脳は出会いで育つ
——「脳科学と教育」入門 小泉英明
定価2000円+税

高齢者の喪失体験と再生 竹中星郎
定価1600円+税

「うたかたの恋」の真実
——ハプスブルク皇太子心中事件 仲 晃
定価2000円+税

ナチと民族原理主義 クローディア・クーンズ
滝川義人 訳
定価3800円+税

9条がつくる脱アメリカ型国家
——財界リーダーの提言 品川正治
定価1500円+税

新・学歴社会がはじまる
——分断される子どもたち 尾木直樹
定価1800円+税

軍産複合体のアメリカ
——戦争をやめられない理由 宮田 律
定価1800円+税

北朝鮮「偉大な愛」の幻
（上・下） ブラッドレー・マーティン
朝倉和子 訳
定価各2800円+税

ポスト・デモクラシー
——格差拡大の政策を生む政治構造 コリン・クラウチ
山口二郎 監修
近藤隆文 訳
定価1800円+税

ニーチェ
——すべてを思い切るために：力への意志 貫 成人
定価1000円+税

フーコー
——主体という夢：生の権力 貫 成人
定価1000円+税

カント
——わたしはなにを望みうるのか：批判哲学 貫 成人
定価1000円+税

ハイデガー
——すべてのものに贈られること：存在論 貫 成人
定価1000円+税

日本経済 見捨てられる私たち 山家悠紀夫
定価1400円+税

日本人はどこまでバカになるのか——「PISA型学力」低下 尾木直樹
定価1500円+税

万葉集百歌 古橋信孝／森 朝男
定価1800円+税

知・情・意の神経心理学 山鳥 重
定価1800円+税

英単語イメージハンドブック 大西泰斗
ポール・マクベイ
定価1800円+税

今夜も赤ちょうちん 鈴木琢磨
定価1500円+税

ユーラシア漂泊 小野寺 誠
定価1800円+税